山东省委宣传部　组编

好老庄 法自然
——道家与道教文化纵横谈

王　春　著

传统文化与社区（乡村）文明读本
主编　颜炳罡

中华书局　齐鲁书社

图书在版编目(CIP)数据

好老庄 法自然:道家与道教文化纵横谈/王春著. —北京:中华书局,2017.9

(中华优秀传统文化大众化系列读物)

ISBN 978-7-101-12588-7

Ⅰ.好… Ⅱ.王… Ⅲ.①道家-研究②道教-研究
Ⅳ.①B223.05②B958

中国版本图书馆 CIP 数据核字(2017)第 110576 号

书　　名	好老庄 法自然——道家与道教文化纵横谈
著　　者	王　春
丛 书 名	中华优秀传统文化大众化系列读物
责任编辑	申作宏
出版发行	中华书局
	(北京市丰台区太平桥西里 38 号　100073)
	http://www.zhbc.com.cn
	E-mail:zhbc@ zhbc.com.cn
印　　刷	北京市白帆印务有限公司
版　　次	2017 年 9 月北京第 1 版
	2017 年 9 月北京第 1 次印刷
规　　格	开本/710×1000 毫米　1/16
	印张 9¼　插页 2　字数 120 千字
印　　数	1-4000 册
国际书号	ISBN 978-7-101-12588-7
定　　价	26.00 元

总　序

中华文化是中华民族的根与魂，是中华民族独特的精神标识与精神血脉，是中国人民的精神家园。作为世界四大文明古国中唯一延续至今且依然具有旺盛生命力的中华文明，既需要薪火相传，代代相守，又需要推陈出新，与时俱进，已经成为或者正在成为21世纪中华民族的共识。问题是，怎样才能让中华文化继续传下去，又由谁去守下去？如何才能保障中华文化推出的"新"是中华文化的"新"，而不是流质变异的"新"，这是我们应当深思熟虑的。

北宋时期有位名叫张载的哲学家，他有四句非常流行的话："为天地立心，为生民立命，为往圣继绝学，为万世开太平。"由于张载生于横渠镇，世称张横渠，这四句话又被后世学者称为"横渠四句教"。千百年来，不少学者将"横渠四句教"作为自己的历史使命以及为学的宗旨。往圣之学当然就是圣学，圣学即是圣道，而圣道就是"祖述尧舜，宪章文武，宗师仲尼"之道，是尧、舜、禹、汤、文、武、周公、孔子相传之道。此道之相传，唐代哲学家韩愈称之为"道统"。韩愈认为，道统由孔子传到孟子，孟子死了，这个道统就中绝了，需要他来拾起道统，再往下传，他就是为往圣继绝学。张载与韩愈一样，认为圣学不得其传，他要主动地承担起"为往圣继绝学"的重任。无论是韩愈，还是张载，其心灵都是哲学家的心灵,其心态都是文化精英的心态,这种心态显然是将自己高高凌架于普通民众之上,可以"秒杀"千古风流而悲壮地承担继绝学的文化使命。这种历代文化精英"舍我其谁"的担当意识固然令人可敬,但我们要问:为什么以担当圣道为历史使命的历代知识精英们,没有走出继了绝、绝了继的历史循环? 如何才能走出这一历史循环? 我们认为,解决的方案只有一个,那就是将文化传承的责任由少数知识精英的孤独而悲壮的担当转化为全民族每一分子的共同义务。

中华文化薪火相传,代代相守,问题是孰为薪火? 我们认为人人尽可为薪火。谁去守? 守护中华文化,中华儿女人人有责。在礼崩乐坏的春秋时代,孔子的学生子贡曾非常自信地说:"文武之道,未坠于地,在人。贤者识其大者,不贤者识其小者,莫不有文武之道焉。"(《论语·子张》)韩愈所谓的"轲之死,(道)不得其传焉",张载所谓的"绝学",张方平所谓的"儒门淡薄,收拾不住"等,都是精英文人忧道之不倡而发出的愤激之语,并非是历史事实。套用子贡的话说,两千多年来,文武之道,孔孟之传,未坠于地,贤者识其大者,不贤者识其小者,莫不有中华之道焉,莫不有孔孟之学焉,何绝学之有?

《中庸》引孔子的话说:"道不远人。人之为道而远人,不可以为道。"道自盈天壤,无所不在,无时不在,在你身上、我身上、他身上,人皆有道,道就在我们日常生活里。子夏有言:"贤贤易色,事父母能竭其力,事君能致其身,与朋友交言而有信。虽曰未学,吾必谓之学矣。"(《论语·学而》)贤贤易色是夫妇之道,也是夫妇之学;竭其力是事奉父母之道,也是事奉父母之学;致其身是事君之道,也是事君之学;言而有信,是交友之道,也是交友之学。人间的一切道德实践活动无不是在行道、履道、为道,道何尝远人? 此道何尝失传,何尝绝? 近代以来尤其是

"五四"以来，激进的知识分子有感于中国贫穷落后、任人宰割的悲惨现实，认为这一后果是由我们的传统文化造成的，于是起而激烈地批判、否定传统文化。什么讲礼教都是吃人的，吃人的都是讲礼教的，"仁义道德"吃人等，以愤激之语，发震天之声，他们可以使道隐而不彰，但无法绝道、毁道。

文化不应是少数知识精英孤芳自赏的存在物，而是普通民众的生存方式、生活方式。以文化人，以文育人，以文成人，这是文化本身的意义。以文化人，是自化，还是他化？以文育人，是自育，还是他育？换言之，谁化谁育？化谁育谁？我们的回答是：凡是人，皆须化；凡是人，皆须育；凡是人，皆须成。孔子讲"为仁由己"，更多地强调人的自化、自育、自成，孟子要求"先知觉后知，先觉觉后觉"，由先知先觉者去化、去育、去成后知后觉者，更多地强调他化、他育、他成。既强调自我迁善改过，自我转化，自我培育，自我养成，又强调他化、他育、他成，是中华文化在理想人格成长问题上的特点。作为知识分子尤其是人文知识分子，既有自化、自育、自成的天职，也有化他、育他、成他的历史使命和责任担当。

本套丛书的作者都是中华文化的爱好者、研究者，长期以来大都站在高校教学的第一线，又长期躬身于当代文化的实践活动，或乡村，或社区，或走进企业，或出入于机关，从事着中华文化的传播工作。在长期的工作实践中，我们深深体会到中国的普通民众需要什么，在读书中他们会期待什么，本套丛书作为学者撰写的大众读物，我们力求铺就一条由学术神圣殿堂通往百姓日常生活的道路。

1. 贯通古今,实现由传统文化向现代文化的转化

中华文化源远流长,历经几千年之发展,有古今之异,文白之分。传统文化的经典大都是用文言文写成的,而今天我们所使用的语言是白话文,对于广大读者而言,读传统文化的读物,马上面对的就是"文字障",不识其文,何以了解其意? 不解其意,何以身体力行? 贯通古今首先要在文字上贯通文言文与白话文,帮助读者克服文字障碍,使文言文不再是了解古人思想的障碍,而是理解古人思想的凭借。本套丛书在写作上,要求作者对所有引用古人思想、名句、观点等文字进行精要说明,进而引伸发挥,实现触类旁通。

传统向现代的转化不仅仅是文字的,更是思想的。任何传统思想既是具时态的存在,也有超时空的意义,研究传统文化并不是要求当代人穿越时空回到古代去,而是让古人及其思想穿越时空来到今天,一句话:做到古为今用。冯友兰先生的"抽象继承法"不失为由传统向现代转换、贯通古今的有效手段与方式。的确,今天我们不必再去追问"学而时习之"在孔子时代具体学的、习的是什么,射箭、驾牛车或马车,当代社会不必人人皆学,但"学而时习之"告诉我们,无论学什么都需要习,不管是音乐、绘画、书法、数学、语文,还是物理、化学、生物、地理等,都要"学而时习之",其抽象意义至今没有过时。编委会要求作者们对古圣往贤的思想、命题、观念进行因时转换,创造性发挥,指出当代社会可行、可操作之点。

2. 铺平沟壑,实现由学术话语向百姓语言的转化

当代中国,高校林立,研究机构、研究院所多得不胜枚举,加上当代学者大都十分努力勤奋,每年出版的学术著作数以万计,而期刊杂志刊发的学术文章远远多于出版的著作。不过,这些学术著作与学术论文最上乘的也不过在"为往圣继绝学"而已,与百姓无关,学术已远离百姓生活,学术归学术,百姓归百姓。不少学者久已习惯于钻入象牙塔,孤芳自赏,感叹着曲高和寡,而百姓所饥渴的精神世界只好找些"心灵鸡汤"去讨生活,当学术话语不再理会百姓生活的时候,百姓自然也不再关心学术。

中华文化一向以"极高明而道中庸"为特质,高明的思想、道理高到极致就是平常道理,反过来,极为平常的道理又何尝不是最高明的道理,神圣与凡俗之间是相通的,不是二分的。翻开《论语》,打开《孟子》,没有故弄玄虚,也不会故作高深,更不会拒人千里。我们要求作者化神圣为凡俗,摒弃学术八股,将学术性话语转化为百姓日用话语,以学者的严谨作通俗之文,但通俗而不庸俗。

3. 融合事理,实现玄远之思想向百姓日常生活的转化

西人有言:理论是灰色的,而生活之树常青。如何实现灰色的理论与常青的生活之树之间的无缝对接,似乎是中西之间共同遇到的难题。我们认为,这一问题的解决不是就理论而言理论,而是在生活中不断发现理论、解释理论、验证理论与升华理论,让灰色的理论不再灰色。无庸讳言,中华传统文化尤其是传统哲学的确有深刻、玄远、抽象的一面,如《中庸》《周易》《老子》《庄子》等,这些经典到处充满着艰深晦涩的

思想,在经典解释中也有繁琐、人人言异、让人无所适从的一面,如"格物致知"这一命题到明末的解释就有72家之说,这些问题是我们每一位作者都遇到的挑战。

在我们的作者队伍中,大都是乡村儒学、社区儒学的讲师,多次面对普通百姓讲学,如何将灰色的理论讲得百姓愿听、爱听,每一位学者都有自己的心得。我们认为以事言理、以理统事、事理相融是化灰色为光明的有效途径。任何高深的理论总有历史上与现实中的典型事例与之相对应,而任何典型案例都具有类型、典范意义,理是事之理,事即是理,理是玄远之理论,事即活生生的现实生活。王阳明判父子争讼既是事,又是理。韩贞向野老说"良心",将"不可道"之"常道",以生活之事说出来,让野老恍然大悟。我们力求用百姓的语言讲出玄远之理,实现玄远之理与百姓日常生活的有机相融,无缝对接。

中华文化不离人伦日用,道就在人伦日用之中。人伦日用即生活,生活即人伦日用。离开人伦日用就没有生活,离开生活就不是人伦日用。面对全球化大潮,中华文化要薪火相传,代代相守,不过前提是可传、能传,可守、能守。何为可传、可守? 我们认为关键是其能否落实为人伦日用,在当代人的生活中是否还有其用,这里的"用"就是价值,有用就是有价值,无用就是没有价值。修身是用,齐家是用,治国是用,平天下还是用,修、齐、治、平无不是生活,无不是用。而用首先是落实为百姓之用、大众之用。本着这一原则,本套丛书分别从中华文化与民族精神、儒家文化、道家与道教以及修身为本、齐家有道、生活礼仪、乡规民约等方面切入,既让大家了解中华传统文化的基础知识,感悟中华文化的博大精深、源远流长,又能从古圣先贤那里学到做人的道理、生活的智慧等。

本套丛书的整体设计、写作思路是凝结编委会成员及众多学者的智慧而成的,而每一分册,甚至每一章、每一个标题都经过了大家反复讨论,多次论证,都渗透着众多学者的心血。我们长期从事学术研究,已经习惯于写作学术专著与学术论文,深知为文之艰难,而将学术成果转化为大众可亲近、可接受、读得懂且愿意读的作品更非易事。我们相信,中华文化的传承与发展不仅仅是少数知识精英的名山事业,更是中华民族每一分子的责任承担。文化只有走进寻常百姓之家,只有化为大众的生活方式与精神追求,才能滋养文化永续生长的丰厚而肥沃的土壤,中华文化的薪火相传、代代相守、推陈出新、与时俱进,才能有客观保证。

　　由于我们学识所限,本套丛书肯定存在着这样或那样的不足,甚至是错误,竭诚欢迎方家予以指正为盼,以利我们下一步的修正与提高。

颜炳罡

2017年2月18日

目　录

前　言

　　总的说来，这是一本"讲道理"的书。道家自产生，其影响即已渗入中国文化的肌体，成为我们不可抹除的文化印记。究其所以，即在于道出了自然大化、社会变迁以至人事兴衰的常道、通理。本书的初衷，即在于尽量以平易的语言，将这些常道、通理一一表出，以彰道家先贤之所见，复对当下人有所启迪。

　　在道家的发生发展过程中，还出现了一个衍生品——道教。作为中国土生土长的本土宗教，道教在充分吸收了道家思想的基础上，又经受中国文化的多方浸润，亦逐渐成为中国人生活方式和文化构成中不可忽视的要素。道教和道家分中有合，合中有分，有差异亦有交集和共通之处，与儒学和佛学共同构成了中国文化的思想骨干。

　　本书除对道家和道教的发展史有一概要介绍外，重点在于梳理出道家的基本思想脉络，将许多重要的人生问题放在道家的视角下一一审视，从而提供一种生活态度的可能性选择。本书适合对思想和文化有一定关注度的普通读者阅读，如果能够带着自己的人生问题和对当代社会的思考进入阅读过程，也许会有更多的收获。

　　道家思想玄远超脱，有较强的思辨性，因此笔者在写作时不免参入己意，以为缀补铺垫。由于思想水平和学力有限，文中或不免有偏颇之处，希祈读者能够不吝指正。

第一章　道家与道教：分中有合，合中有分

一、何谓道家

1.什么是道

诸子百家，如儒家、墨家、道家、法家、名家、阴阳家等，它们的名称往往与其观念由来或者学说的核心范畴有关。所谓范畴，指的是具有一定普遍性意义的概念。"道"就是道家的核心范畴。

"道"从古文字形看，像是一个人处在十字路口的情形。《说文解字》则称："所行道也……一达谓之道。"说白了，道也就是能使人由此之彼的路径。每个人都要走路，走不对路就无法到达目的地；且无论你走到哪里，路也就在哪里。这起码就已经包含两层含义：一是道的必然性，有着客观约束力；二是道的普遍性，只要有运动，便一定会沿着特定的轨迹，也就会有特定的道。

对"道"的强调其实蕴含着一种普遍运动观，因为只有承认万事万物都处于一种永无止息的运动之中，道路的永恒性和普遍性才能得到保证。这是"道"的观念所含有的第一个预设。其次才是对事物运动变化的规律性的肯定。而正是运动变化特点的不同，标志着事物的个性和差异，而同有其道则传达出世界的统一性观念。事物从无到有、从生到死

的轨迹可以被理解为它们各自的"道",而换个角度,万物的生成演化也可以理解为道在引领。

"道"是对"行"的约束与引导,"行"可以表示具体的行走,也可以引申为行动、行为。而"道"同样可以具有具象与抽象双重内涵,既可以表示道路,也可以引申为道理。于是二者就形成了颇有意味的对应——既然行走不可脱离道路,那么行为也必须遵循道理。于是,对"道"这一语词的借用就成为一种自然而经济的论证规则合法性的方式,尤其是在社会领域中,强调某种规矩规则的声音中总是不难听到"道"的回声。

"道"这一范畴由于自身具有的这诸多优势,使它成为中国文化中最为核心的一个语词。不仅道家把它当作理论的第一范畴,并由此得名且以为标识;而且儒家也经常提到它,倡言"朝闻道,夕死可矣","志于道,据于德,依于仁,游于艺",也将其视为最高理论追求。就连佛家,都不肯放过这个绝好的字眼,"担水砍柴,无非妙道",在历史上僧人也往往被称为道人。

而正是"道"的意义集束性,才使其成为标志不同思想派别的基本根据。孔子说:"道不同,不相为谋。"(《论语·卫灵公》)《中庸》称:"道并行而不相悖。"正如俗语所讲的:"你走你的阳关道,我走我的独木桥。"

极有意味的是,"道"在我们的语言中又有"言说"之义,这也许是因为,道的抽象化理解必须借助于语言方能呈示出来,或者可以说,言说是思想行走的道路,而观念的明晰则被称之为"知道"。

2.什么是道家

人类早期由于思维水平不够发达,对事物的存在和发展缺乏足够的解释能力,往往形成一些原始形态的宗教信仰及崇拜,其表现形态多为植物崇拜、动物崇拜、天体崇拜等自然崇拜,以及与原始氏族社会存在结构密切相关的生殖崇拜、图腾崇拜和祖先崇拜等。到春秋时期,老子最先把"道"看作是宇宙的本原和普遍规律,并以此为基础建构了较为系统的关于自然、社会和人生的思想理论。相对于原始宗教,这在思想水平上是一个很大的跨越。老子也由此被视为道家的创始人。

道家之所以被称为道家,当然与其对"道"的倡扬有直接的关系。我们上面提到,"道"可以解释万物的生成、毁灭,可以表达事物运动变化的依据和一般规律,也可以为人生所取法,化为各个不同领域的基础原则。这其实是具有相当的思辨高度的一种解释方式。

由于"道"并不是像上帝那样的人格神,而只是对万物生成演化内在根据的抽象思辨,所以具有"虚""无"的特征;且从老子讲的"道法自然"来看,对道的尊崇其实可以置换为对自然的尊奉。天地万物自有其运化轨迹,人世兴衰亦有特定之规律。因此,明其理而顺其则就成为人的应然选择,这也正是司马谈在《论六家要指》中论道家时讲的"以虚无为本,以因循为用"。这一原则引申到政治领域,即表现为强调自然秩序,推崇无为而治;引申到人生领域,则往往表现为强调对当下状态的认同,知足无待,任性逍遥。

从这个基本原则出发,又因其思想侧重点的不同,道家可以划分为庄子派、杨朱派、稷下道家等不同派别①。庄子之学强调精神的自由畅达,不为尘俗挂碍,不为欲望牵系,自适其适,安命达观,构建了一个价值自足的内在精神世界。而杨朱之学则强调生命本身自然价值的优先性,主张全生避害、为我贵己。杨朱与庄子同样关注人生的意义和价值,但他

① 高晨阳:"一源三流:先秦道家的思想分际——兼论文化功能的差异",载《哲学研究》1998年第12期,第57—63页。

重在强调感官的快乐，其学属于感性自由的学问。稷下道家，指的是战国时期在齐国稷下学宫中从事学术活动而以黄老思想为旨归的学者，其作品多收录于《管子》一书中，其共同的特点是尊崇黄帝和老子，以道家思想为主并且采纳了阴阳、儒、法、墨等学派的观点。相对来说稷下道家更偏重于知识性体系的建构，其治世理身之术凸现的是一种知性精神。

汉初，黄老之学盛行一时，俨然成为官方哲学。汉武帝罢黜百家、独尊儒术之后，道家思想便走向衰落。大致到了东汉时期，道家开始分化，一方面和神仙方术、巫术结合，形成中国的本土宗教——道教；一方面与儒家的纲常名教互动，形成道家思想的新形态——魏晋玄学。在唐宋以后，道家之学又几经沉潜扬升，逐渐成为中国文化中的一种基础要素。在长期的历史发展中，道家以其自然任化的哲学观念、清静无为的政治思想、善生保真的人生观念、与物为春的处世态度以及睿智通达的思辨精神，对中国传统文化的形成和发展产生了重大的影响，已经成为中华民族独特的民族性格和民族精神的重要组成部分。

二、何谓道教

1.道教和道家的关联

"道家"一词，最早是由汉代的司马谈在《论六家要指》中提出的，不过他所讲的"道家"其实是一个具有特定时代性内涵的概念，主要指汉初的黄老学派。但是这一称谓后来却成为更大范围的类称，凡倡言自然、求道修道者多归于此家，老子和庄子则被视为最重要的代表人物。道教由于亦推尊老、庄，其理论系统中也融入了一些道家的思想元素，所以在宽泛的意义上也有被称为道家的情况。如近现代著名史学家陈垣先生就曾搜集历代道教碑刻，编为《道家金石略》。另外，儒释道三家并称时，其中的"道"也往往是道家和道教杂糅。这种现象，说明道家与道教确有一定的交集和关联。

从道教的产生来看，虽不能说直接脱胎于道家思想，但显然借用了道家的思想资源。汉末，黄老之学与谶纬迷信结合，提倡修身以长生之术，出现了所谓"黄老道"。黄老道虽有宗教祭祀活动，但尚未建立宗教教团，可以视为道教的雏形。至汉末，张陵在蜀中首创"五斗米道"教团，奉《老子》为教典，并奉老子为教主。其所撰的《老子想尔注》，将老子神化为"太上老君"，并从宗教的角度对《老子》作了解释。张角创立的"太平道"，亦奉事黄老。此后，被神化了的老子也便成了"太上老君"或"道德天尊"，变成了道教中最重要的神仙之一。唐朝时期，因皇帝为李姓，并以老子后裔自居，老子也被加封为"大圣祖玄元皇帝"，《老子》一书的地位也被抬高，被封为《道德真经》；另外，道家学派的庄子、列子等也被封为"真人"，其书也被封为道教"真经"。

道教对道家思想的继承，首先是把道家的"道"加以改造发挥，奉为最高信仰及教理的基础。同时，道家无为而无不为的社会政治思想和处世原则，贵柔尚俭的伦理思想，清心寡欲的生活追求，主静致虚的修养方法，也基本上为道教所汲取。很多道家的概念，也经道教加以宗教化的诠释之后而被赋予了新的色彩。

不过，道教与道家虽然有一定的渊源关系，但却不能混为一谈。一般来说，道家指的是以老子、庄子为主要代表人物的哲学思想流派，而道教则是一种宗教。道家作为一种基于思想承传关系的学派，其实并没有固定的组织系统；而道教不仅有特定的宗教组织，而且有教徒、宫观、科仪、制度，有一系列的宗教仪式与活动。在思想方面，道家和道教也有一定的分别。道教有多神论的神仙信仰,将世界区分为人世与仙境;而道家在一定意义上保持了无神论的态度,即便提到所谓神人、至人,也更多只具有寓言的意义。道家虽重生,但又多不以生为价值的至高点,主张顺天安命,更注重精神的超越与解脱。而道教把长生不死、得道成仙作为最重要的追求,因此对炼养之术尤为关注。当然,后来的某些道教宗派如全真道又在一定意义上否认了肉体飞升的神仙信仰,而回归到炼性修心的内在超越,这无疑仍是来自于道家的内在影响。

2. 道教的基本信仰

凡是宗教都会有一定之信仰。信仰是信徒必须持守的信条,一切教义皆由此蔓衍而生。因此,要了解道教,首先就要从其基本信仰入手,才能明其端要。

道教最高的信仰就是"道"。这个概念来自于老子所著的《道德经》,并有所发挥和演绎。在道教看来,道是宇宙的本原与主宰者,为万化之源。道生育天地,运行日月,进而为四时、五行,而化生万物。在此基础上,道教又进一步将道人格化为"太上老君""元始天尊"和"灵宝天尊",即所谓"三宝"或"三清"。约出于东晋的《九天生神章经》即称,"三号虽殊,本同一也",即皆为道的人格化和别名。魏晋南北朝时期的《太上老君开天经》就详细地描述了太上老君创造宇宙天地万物及人类历史的过程,称天地开辟经历洪元、混元、太初、太始、太素、混沌、九宫、元皇等阶段,太上老君于太初降世,分别天地,置立形象,制正方位,分天地,生日月,取天地之精而为人。此后,人类社会历经三皇五帝及夏商周诸代,老君历世皆变化下降,化身无化子、大成子、广寿子、广成子等,为帝王之师,皆劝令修善。这就等于把太上老君作为创世主来看待了。

在道教的话语系统中，天地又分为不同的层级和次第。最高级为大罗天和三清天，是地位最尊的神仙三清所居之所。其下又有诸天诸地，有各级神仙人鬼。人如果用心修道积德，就有可能长生不死，甚至得道成仙。而若迷沦有欲，淆乱本真，以至作恶多端，就会被打入地狱受罚。道教后来吸收了因果报应的观念，认为个人之现实命运与个人行为善恶之间存在着必然的关联。大道和天神照察一切、主宰一切，能洞察人的行为甚至善心恶念，并予以赏罚。

道教重视生命的价值，追求长生久视的不死之道。道教认为人的生命存亡并不完全取决于天命，所谓"我命在我，不属天地"（《西升经·我命章》），强调自身的修持对生命的影响力。万事万物赖道而生，赖道而存，因此人只要善于修道而获持之，即为得道，便可以长生不死。长生之道又有特定的修持炼养途经，包括内丹、外丹、服气、导引和房中术等，不同的道教宗派亦各有所重，不可一概而论。

3.道教的概况

道教作为一种中国本土宗教，除了其独特的神仙崇拜与信仰之外，也具有一般宗教所具有的教徒与组织，亦有一系列的宗教仪式与活动，并形成了不同的宗派。道教历史上的宗派很多，有正一道、全真道、真大道、太一道、净明道等所谓五大道派。明代以来，最有影响的、最兴盛的主要是正一与全真两大道派。正一道受中国传统巫术影响很深，宗教仪式中存在大量的符箓、念咒、降神驱鬼等内容；而全真道则以内丹为主，基本排除了巫术的影响。

道教徒一般称"道士"，也称"道人"，乃信奉道教教义并修习道术的教徒的通称。《太霄琅书经》谓："人行大道，号为道士。""身心顺理，唯道是从，从道为事，故称道士。"男道士也称为乾道或黄冠，女道士则相应地称为坤道和女冠。道士有在家和出家之分，正一道的道士可以有家室，不必出家修行。而全真道的道士不蓄妻、不茹荤，须出家住丛林。道士是道教的神职人员，入道后，要唯道为务，持斋礼拜，奉戒诵经，烧香燃灯，不杂尘务。道士之外，也有一般的教徒，称为"居士"或"信徒"，比如《红楼梦》里的贾敬。

道士修道、祀神和举行仪式的场所一般称为某某宫或某某观，一般位于风景优美、安静、空旷的山林之中。道教的宫观有两种性质：一是子孙庙，二是丛林庙。子孙庙由师徒之间代代相传，庙产可以继承，有专属的门派。丛林庙不允许收徒，庙产不能继承，属于天下所有道众共同所有。丛林庙一般不分门派，凡是道教的法裔弟子都有权利居住、管理庙务。长期在丛林庙居住的道人叫常住道人，一般给安排有职务，"当家""殿主""知客"等。丛林庙分工明确，俗称"三都五主十八头"，分管讲经、化缘、安全、斋醮、人员安置、自养、做饭等事宜。一般新出家的弟子先在子孙庙学习这些知识，三年后得到冠巾，经师父允许后，才可以去丛林庙挂单居住。另外，道教往往还会有一些附属组织，如经济组织、教育组织和慈善组织等。

道士的日常行为以修道为核心，亦承担有许多具体的宗教事务。修道的方法有很多，如存思、养性、外丹、内丹等等。存思，又称存想、存神，即存想内观。唐司马承祯《天隐子》曰："存谓存我之神，想谓想我之身。"道教认为神无所不在，无所不存，身内身外皆有神，如果能存思这些神，神就会安置其身，达到长生的目的。养性也称入静，是指澄神静虑，克服各种杂念，以求达到一种恍恍惚惚又真气勃发的状态和境界。外丹，指用丹炉或鼎烧炼铅汞等矿石，制作丹药，以冀服之能长生不死。唐以后渐被内丹术所代替。内丹是行气、导引、呼吸吐纳之类的总称,指用人体作炉鼎,使精气神在体内凝结成丹,以求长生久视之道。内丹是传统方术在实践和宗教化过程中发展成熟的产物,对气功、医疗、人体科学诸方面,都有广泛的影响和启发作用。

第二章　道家的产生与发展

一、道家的创始

1.老子其人

老子，生卒年不得详考。《史记·老庄申韩列传》载："老子者，楚苦县厉乡曲仁里人也，姓李氏，名耳，字聃，周守藏室之史也。""守藏室之史"大概是图书管理一类的工作，做这类工作的人往往广见博闻，学识不凡。《史记》中还称，孔子适周，曾问礼于老子，并对老子有很高的评价，认为他深不可测，乃人中之龙。

老子既然姓李，为什么又被称为老子呢？《史记》中另外还提到一位老莱子，"或曰：老莱子亦楚人也，著书十五篇，言道家之用，与孔子同时云"。这个老莱子也是当时的一位隐士，《庄子·外物》中提到他曾对孔子说："丘，去汝躬矜，与汝容知，斯为君子矣。"这话与《史记》中引用的孔子问礼时老子对其所讲话的大意基本相同。与人交谈而直呼其名，当是远远年长于孔子。《大戴礼记·卫将军文子》篇引有孔子对他的称论："德恭而行信，终日言，不在尤之内，在尤之外，贫而乐也，盖老莱子之行也。"关于老莱子与老子是不是同一个人，历史上并无定论。《史记·仲尼弟子列传》中称"孔子之所严事：于周则老子；……于楚，老莱子"，可知司马迁还是把老子与老莱子当作两个人。不过，这个老莱子和老子确有太多交集，如皆为楚人，皆与孔子同时，思想亦接近，又俱占一个"老"字，确有为同一人的可能性，只是到司马迁时代已经弄不清楚了。至于李耳一名，反于先秦典籍中从未被提及。有学者认为，古时"老"和"李"音同，"聃"和"耳"义近，老聃遂转为李耳，如荀卿转为孙卿。也有人猜测老或是姓，而李为氏，老子是姓老而氏李。类似考证，枝蔓繁多，且搁置不论，毕竟我们关注的更多是在历史上实际发生影响的老子，这才是重点。模糊的通常之见在文化的发展中也许更为重要。

司马迁又说："老子修道德，其学以自隐无名为务。"春秋之时，诸子皆争鸣以名世，独老子反追求无名。后见周王室衰微，于是弃官西去，到函谷关（一说散关）的时候，关令尹喜请求他著书，于是老子乃著书上下篇，言道德之意五千余言而去，莫知其所终。《列仙传》中对这个故事又加以演绎，称"老子西游，关令尹喜望见有紫气浮关，而老子果乘青牛而过也"，遂使"紫气东来"成为民间常用的吉语。

老子出关以后究竟去了哪里，后世又有各种演绎。有种说法是老子出关后，过西域而至天竺，化为佛陀教化胡人。也有说佛陀为老子弟子。此说可能是佛教初传时为求在中土流行，而刻意攀附道教，混老子佛陀为一，以求立足。后来道教还有一本《老子化胡经》，记述此事，借此以崇道贬佛，引起道佛之间的激烈冲突而一度被禁毁。不管如何，追求自隐无名的老子终究还是把声名留在了世间，中国文化史乃至世界文化史上也因此多了一位思想的伟人，这终究是一件幸事。

2.道家的开篇之作《道德经》

按照司马迁的说法，老子为尹喜所著的书，共有上下篇，五千余言。

由于其所讲论总不外道德之义,因此后世又称之为《道德经》,也称《老子》。此书的版本很多,在历史上影响较大的是河上公章句本和王弼本。《老子河上公章句》著于西汉时期,其作者河上公是汉文帝时的隐士。其注《老子》共81章,上篇道经37章,下篇德经44章,每章皆有标题,逐句皆有阐释。文字简明清晰,说理透彻。魏王弼《老子注》,只分81章,并无章题名称。作为魏晋玄学的发端,《老子注》系统地阐述王弼的玄学理论,代表和影响了一个时代哲学发展的趋向。其断句分章,释文阐义,也成为流传最广的一种范型,因此王弼本往往又被称为通行本。

20世纪70年代,长沙马王堆三座西汉墓葬被发掘,在3号汉墓出土了帛书本的《老子》,共有甲、乙两本,甲本字体在篆隶之间,乙本为隶书。甲本破损严重,文字残缺较多;乙本破损稍轻,文字基本清晰。两个版本之间有较大出入,但共同点是德经在前,道经在后,不分章节。

1993年,在湖北省荆门市郭店村,郭店一号楚墓M1发掘出战国竹简,其中包括三种内文有异而相对独立的《老子》(甲本、乙本、丙本)写本,甲本存简39枚,共计1086字;乙本存简18枚,390字;丙本存简28枚,575字。大部分内容文字均见于今本《老子》。据考古专家考证,郭店一号墓的下葬年代当在公元前4世纪中期至前3世纪初,因此郭店本《老子》也就无可争议地成为目前所见最早的《老子》文本。

前面提到,我们关注的更多是在历史上实际发生影响的老子,当然《老子》一书的情况也是如此。新出土的文献在经过广泛深入的学术研讨之后,也许会作为新的文化元素植入后来的历史土壤中,但在目前,已长成参天大树并以文化之荫罩覆着中华大地的仍是被正始名士争辩过、被宋明理学家讲论过、被民国学者深研过的那五千余言。由于在上千年以来实际产生最大影响的是通行本《老子》,人们对道家的认知亦以此为基础,因此我们讨论老子,讨论《道德经》,讨论道家,仍不能不以此为本。

《道德经》以韵文的形式,精简的文字,构建了一个较为完备的思理系统,其内容涵盖哲学、伦理、政治、军事等诸多学科,被后人尊奉为治国、齐家、修身、为学的经典。它不仅在中国文化史上有着极为重要的地位,也是中国典籍中被译成外国文字发布量最多的文化名著,在世界范围内都有着深远的影响。

二、道家的早期发展

1.道家的分派

尊道贵德,崇尚自然,追求返朴归真构成了道家的基本思想指向。但在历史的不同时期,道家的思想气质也会有一些不同的呈现,由此在同源同旨的基础上亦形成了不同的派系抑或倾向性。大致说来,老子以外的道家可归为三种形态:

一是精神自由型。人生多累,役心劳神。若化约主体的欲望和追求,以至无己、无功、无名、无心、无求,或可实现精神的超越与畅达。关尹子、列子、庄子都可归于这一路径。关尹子即求老子著书的那位,即尹喜,往往被视为老子的弟子。《庄子·天下》中称他"在己无居,形物自著"。也就是说,以无心的方式应物,反能成全万物,有化育天下之功。列子贵"虚",虚即虚无、不执不着,既指体道的工夫,又指体道的境界。这种冲虚自然之境也可称为无心之境,即达到内外合一、物我无别的精神状态。庄子力标逍遥之旨,"逍"者消也,即去除人生之具化追求;"遥"者远也,以无求为求而非世人之尽求功名欲望之满足,由此入无待之自由境界。

二是感性自由型。以杨朱为代表,另有詹何、子华子、它嚣、魏牟等。老子曾提出"名与身孰亲,身与货孰多"(《道德经·第四十四章》),颇有重身之意。杨朱主"为我",亦即贵己重生,视自我生命的价值高于名位财货,其目标是"保性全真"。但杨朱同时也重视人的感性欲望,认为追求"丰屋美服,厚味姣色"乃是人的真心,充分释放内心的欲望是人的自由或快乐所在。詹何主张"重生轻利",但不能违背自己的内心,如果不能轻利而勉强,恰恰是一种心理的扭曲,反不利于重生,不如纵之以合自然之旨。子华子则强调要"以智养生""动以养生",尤其是要令"六欲皆得其宜",这些思想对于后来的养生学有较大的影响。

三是政治自由型。以黄老之学为代表,主要人物有文子、田骈、慎到、彭蒙、宋钘、尹文、曹参等。黄老之学因推尊黄帝、老子而得名,始于战国而盛于西汉,以道为本而兼采阴阳、法、儒、墨等诸家观点,形成自己的一家之言。黄老强调"无为而治""以虚无为本,以因循为用",主张"省苛事,薄赋敛,毋夺民时",其重在治国。汉初强调的"休养生息"就是黄老之学的基本体现。将其归为政治自由型,主要是基于其对自然秩序的强调,淡化人治的介入。不过由于对法家思想的汲取,黄老之学也强调依法治国,但更多是以法来约束君权的膨胀,其主导思想仍是清静无为、因俗简礼、因天循道的路向。

这三种思想类型分别强调了不同的层面,有着不同的侧重,但又有着共通的价值基础,体现了道家的理论发展可能性。[①]

2.杨朱:拔一毛利天下而不为

杨朱(约前395—前335年),又称杨子、阳子居、阳生,其生活年代

[①] 高晨阳:"一源三流:先秦道家的思想分际——兼论文化功能的差异",载《哲学研究》1998年第12期,第57—63页。

晚于墨子，略早于孟子。杨朱本人的著述并未流传于后世，其思想资料散见于古代典籍中。《孟子·尽心》："杨子取为我，拔一毛而利天下，不为也。"《吕氏春秋·不二》："阳生贵己。"《淮南子·氾论训》："全性保真，不以物累形，杨朱所立也。"《韩非子·显智》称"不以大利易其胫一毛"为"轻物重生之士"，说的也可能就是杨朱或持杨朱一类观点的人。杨朱曾与墨子的弟子禽滑釐论争，其思想盛于一时，与儒、墨等学派比肩并立。不过由于现今资料的匮乏，要全面系统地了解杨朱思想的原貌则比较困难。不过在《列子》中收录有《杨朱》篇，应该也在一定程度上反映了杨朱的思想。我们不妨综合以上诸多史料，大致梳理出杨朱的思想脉络。

"为我"即"贵己"，亦即"重生"，即重视自我生命的价值，其目标是"保性全真"。"重生"必"轻物"，"不以物累形"，此可以视为化解情执的工夫。杨朱哲学的这一基本精神，可以概括为"轻物重生"。所谓"物"包括"寿、名、位、货"等，"生"则主要指人的生命和自然本性。杨朱反对虚名，主张"从性而游，不逆万物所好"，"不违自然所好"，"不为名所劝"（《列子·杨朱》），从不考虑名声的好坏与寿命的长短。杨朱认为，人们惶恐不安地谋求一时的虚名假誉，贪图后世对自己的赞誉，谨小慎微地活着，耳不乱听，眼不乱看，终日忧虑自身言行的是非对错，这样的生活方式毫无快乐可言！这与身陷囹圄，失去人身自由的监禁生活没有什么分别。在看待生死上，杨朱重生轻死，重视当下活着的时候，反对考虑死后的事情。他认为舜、禹、周公、孔子一生殚精竭虑，以天下为公，这样虽然流芳百世，深受后人的景仰，可他们已化为腐骨，什么也不知道了。在某种意义上说，他们显然损失了生命中至关重要的某种价值。而桀、纣这样的暴君纵情享乐，死后被后人口诛笔伐，抨击唾骂，但这对他们已无济于事。杨朱认为万物所不同的是生存，而死亡是自然万物的共同之处。生活在世间的人们有贤愚之分、贵贱之别，有着各种不同的差别。无论是圣人贤才，还是恶人蠢才，终归是难逃一死。尧、舜等圣人死后是腐骨一堆，桀、纣等暴君死后也是腐骨一堆——腐骨是没有什么区别的。

不过，杨朱强调人的感性欲望，认为追求"丰屋美服，厚味姣色"乃是人的真心，充分释放内心的欲望是人的自由或快乐所在。不过事实上，要满足这些欲望，往往需要"位""货"作为基础条件，而得到重货高位却往往要付出巨大的代价，恰恰会损害到生命本身的价值。我们且看《列子·杨朱》篇中记载的一个小故事：

禽滑釐问杨朱："拔去你身上的一根毫毛来救助世道，你愿干吗？"杨朱回答："世道本来就不是一根毫毛所能救助得了的。"禽滑釐说："假设可以救助，你愿意吗？"杨朱没吭气。禽滑釐出门告诉了孟孙阳。孟孙阳说："你没领会先生的用心，我和你解释下吧。比如有人损害你的肌肤给你万斤黄金，你愿干吗？"禽滑釐回答："愿意。"孟孙阳又问："有人砍断你一段肢体给你一个国家，你愿干吗？"禽滑釐愣了一会儿。孟孙阳接着说："一根毫毛轻于肌肤，肌肤又轻于一段肢体，这是很明白的。但肌肤是由一根根毫毛构成的，肢体又是由一块块肌肤构成的，一根毫毛固然只是身体的万分之一，但难道可以轻视它吗？"

如果孟孙阳的解释能得杨朱之心，那么由此我们就可以大致理出一种价值排序：先是自我的生命存在，接着是生理和心理的满足，然后才是作为保障的名位财货等外在条件，杨朱反对的其实是将这几者之间的次序本末倒置——而这正往往是世俗的常态。杨朱认为，世俗之情多执于对欲望的追求不已，为蝇头苟利而终日庸庸碌碌，这无异于陷入"重囚累梏”之中，使自己不得自由。因此，他要求破执，改变人生的态度和价值目标。

杨朱在论及治身与治国关系时，把治国之本归于“治内”，认为“人人不拔一毛，人人不利于天下，则天下治矣”。其意在于，假如人人皆能重视自我生命的价值，不因追逐外物而自损其身，社会上的种种竞争和冲突也就在很大程度上得以消解。他还反对以仁义礼法等有为的方式治理天下，认为此乃诱人“竞一时之虚誉”而使社会大乱的源头。因此，杨朱的“为我”其实是解决当时社会矛盾的一种方案，同时具有政治哲学的意义。

3.列子：御风而行

列子即列御寇，又称作圄寇、圉寇，郑国人。《庄子》中记载了一些关于他的传说，有人据此推断列子的生活年代应略早于庄子。列子的生活也十分困窘，往往居穷巷而面有饥色，却拒绝郑国暴虐的执政者子阳馈赠的粮食。他认为应摆脱人世间贵贱、名利的羁绊，而一心向道。

相传列子曾先后师从于关尹子、壶丘子、老商氏与支伯高子等人求道问学，他淡泊名利，潜心修道，最终达到了心凝形释、与万物冥合的境界，自况其状态为“不觉形之所倚，足之所履，随风东西，……不知风之乘我邪？我乘风乎”。然而这种对得道境界的描述却被有些人误读为其可以御风而行，更有甚者如《述异记》还对此大加敷衍，称列子常在立春日乘风而游八荒，立秋日就返归“风穴”，风至则草木皆生，去则草木皆落云云，实皆不足为据。

列子被后世道教尊为“冲虚真人”“冲虚至德真人”，而《列子》一书也因而被尊称为《冲虚真经》《冲虚至德真经》，列为道教经典之一。

《列子》是中国哲学史上的一部重要典籍,辞章优美,蕴涵着深刻的哲学思想,深为后世学者所重视。《列子》原本共20余篇,汉代刘向进行了删节,《汉书·艺文志》收录了《列子》8篇。魏晋时期,《列子》一书散佚。现存《列子》8篇为《天瑞篇》《黄帝篇》《周穆王篇》《仲尼篇》《汤问篇》《立命篇》《杨朱篇》《说符篇》,学者多认为并非《汉书·艺文志》著录的原书,而有可能是魏晋人根据《列子》残篇所作。也有学者认为,《列子》一书虽非列子自著,但可能为列子后学所撰,大约成书于战国中后期,在很大程度上保留了列子的思想资料。

列子贵虚,其根本义旨与老庄思想接近,关涉的是精神境界问题,属于养生治身的学问。"虚"即道,表示冲虚自然、不执不为之义。它既是万物存在变化的根据,又是养生治身所当奉行的根本原则。以虚来况道,主要是为解除道的主宰者的意味,因为万物是"自生自化,自形自色,自智自力,自消自息",其生成变化皆在万物自己,皆是自然而然,此即道之表现,而不是在万物之上存在一个作为主宰者的道。而与此相应,人的生命存在也应当冲虚无为,率性自然。这种冲虚自然之境也可称为无心之境,即达到内外合一、物我无别的精神状态。达到这一境界,人的生命意义就发生了根本转变,穷达、贵贱、荣辱、得失乃至生死的差别因此得以泯灭。

《列子·仲尼篇》中,龙叔自称有疾,请文挚医治,他描述的所谓症状是:"我受到乡党的称赞却并不以为荣;受到全国人的诋毁也不以为辱;得而不喜,失而不忧;视生如死,视富如贫;视人如猪,视己如他人。住在自己家里,好像是在旅舍;看我自己家乡,好像是僻远蛮荒之国。这种种病症,爵赏不能劝止,刑罚不能威服,盛衰利害不能改变,喜怒哀乐不能移易。因此就不能服侍国君,交结亲友,管教妻儿,役使奴仆。这是什么病呢？什么药方能治好它呢？"而文挚以为,龙叔所描述的,其实基本上就接近了理想的人生状态了。人在社会上生活虽然往往寸肠百结,处处受到限制和约束,但若能齐物为一、彼我玄同,则可以处尘世而无往不通,实现精神的自由与畅达。这种自由不是外在的、肉体的,它无关乎现实,只是心灵的自我体验。这样一种主张虽然不免流于消极,但也有息心化欲,消解种种人为偏执带来的种种矛盾和烦恼的功能。于内可以净化人的心灵,回归本初的单纯自然;于外也可以避免各种社会争端,缓解社会生活的张力,对后世的道教和玄学思想都有一定的影响。

4.庄子:逍遥游世

庄子名周,战国时期宋国蒙人,大约与梁惠王、齐宣王同时。他曾做过漆园吏,即管理漆树园的小官,可能在职不久就隐居了。既无意仕途,又拙于生计,日子过得也就比较紧巴。他常居于陋巷,衣服补着大补丁,穿着破草鞋,有时揭不开锅还去找人借米,但他好像从不以此为意,永远给人的感觉都是自信、洒脱,深刻中又带着点冷幽默。他的学问很高,甚至并世都很难找到堪比肩者,"学富五车"的惠施在和他的辩论中也总是落于下风。惠施曾为魏相,庄子有次去看望他。有人告诉惠施说:"庄子到大梁来,是想取代你的相位。"惠施知道庄子才学远胜于己,非常害怕,在国都搜捕三天三夜。庄子就去见他,说:"南方有一种鸟,名字叫鹓鶵。它从南海起飞飞到北海去,不是梧桐树不栖息,不是竹子结的洁白的果实不吃,不是甜美的泉水不喝。有只猫头鹰拾到一只腐臭的老鼠,鹓鶵从它面前飞过,猫头鹰仰头怒喝,害怕鹓鶵抢它的臭老鼠。现在我好像也听到你的喝声了,是这样吗？"从这个小故事,亦可略见庄子之志趣。

庄子学问的基本精神是遵循老子所说的"为道日损"的路径,挫其锐,解其纷,将人生的最纠结处如疱丁解牛般——理出并一刀化解。世人之所趋者,不外荣华富贵,而庄子却说"夫富者,苦身疾作,多积财而不得尽用,其为形也亦外矣。夫贵者,夜以继日,思虑善否,其为形也亦疏矣"(《庄子·至乐》)。富的人费心费力挣了那么多钱,也花不了;贵的人整天"压力山大",要看上级脸色,要想着怎么出政绩,反而搁置了生命中更重要的价值。别以为他是吃不到葡萄就说葡萄酸,据说楚威王曾派两个使者携重礼聘他为相,庄子正在濮水上钓鱼,盯着鱼杆给来使讲了个故事:楚国有只神龟,死了三千年了,楚王把龟甲珍藏于庙堂上。请问,对于龟来说,它是愿意死去而使龟甲得到楚王珍藏呢,还是宁愿活着拖着尾巴在泥水中爬行呢? 楚使回答:当然宁愿活着,能自由地爬来爬去喽。庄子于是说:"你们走吧! 吾将曳尾于涂中。"(参见《庄子·秋水》)

　　不为势所羁,不为物所羁,不为身所羁,追求生命本体与个体的精神自由,构成了庄子的人生价值取向,归结为两个字就是"逍遥"。"逍"者消也,即消除对荣华、富贵、声名的追求。无求也就无累、无待,不为所羁。当然,若无任何追求,人生也就失去了价值支撑而丧失意义。不过,无求正可以作为一种一般人难以达到的境界形态充当人生的追求——这正具有"遥"的特质。"遥"者远也,它非同于常人追求的近在眼前的目标,而是一种即便损之又损也很难通达的至无之境——无功、无名、无己,甚至不执着于物与物的差别。照庄子的看法,人有成心,对物加以分别,以此为是,以彼为非,能安于此而不能安于彼,则往往会为痛苦、烦恼所纠缠。唯有以无化之,以无心、无为破之,才能超越生与死、贵与贱、荣与辱、成与毁、大与小、寿与夭、然与不然、可与不可等分别和矛盾,物我两忘,超然于是非之外。

在战国这样险恶的时代,以无己顺物的处世方式应世,也许的确有利于避害存身,可这样难道不意味着对自由的放弃吗? 对此,庄子认为不是。他所追求的自由本就并非外在行为的自由,而是内在的精神自由,即所谓"游心","且夫乘物以游心,托不得已以养中,至矣"(《庄子·人间世》)。外"随俗"而内"游心"也即《庄子·知北游》中所说的"外化而内不化",这是庄子哲学的一个根本原则。"外化"即安然,顺随外物的一切变化,亦即安于一切自然的变化,"知其不可奈何而安之若命"(《庄子·人间世》);"内不化"即不动心,即在万物纷纭变化之中保持内心的宁静,"死生亦大矣,而不得与之变;虽天地覆坠,亦将不与之遗。审乎无假,而不与物迁,命物之化而守其宗也"。(《庄子·德充符》)外化即随顺环境,随顺环境是为了减少与外物的摩擦,从而保证内心的宁静;反过来,内心的宁静又可以保证毫无滞碍地随顺外化。而当顺世态度体现为一种"游心"的自觉追求时,就不意味着只是对外在力量的被动顺从和换得生命安全的手段,而是在与这些外在力量消除了主观上对立的情况下的自然的吻合和精神上的宽裕自如,如同"以无厚入有间"的游刃,顽强地在必然的缝隙里寻觅着心灵的自由。这样,在复杂社会环境下的人们也就获得了在现实中立足的一种可能性,逍遥游世,自适其适,营造一方自足的精神世界。

5.黄老之学:清静无为

"黄老"作为一个学术名称,从字面上说,"黄者,黄帝也;老者,老子也"(《论衡·自然篇》)。黄老合称在先秦著作中并不多见,而在汉代极为流行,并几乎成为当时道家学派的代称。黄帝和老子的结合,大概和当时托古立说的风气有关。《庄子》《列子》书中均把黄帝当作寓言中的人物称引，并赋予其得道者的形象。《汉书·艺文志》还记载有《黄帝四经》及其他黄帝书多篇，并归之道家类。因此黄帝也许被理解为一个道家无为而治政治理想的实现者，与道家的开创者老子并称，已经寓示了黄老之学的政治指向。而在汉初，正值道家学说获得官方支持并成为施政纲领的黄金时期，因此司马迁在《史记》中提及的那些"好黄老之术"者，多是为君为相的人，如窦太后、曹参、陈平等，民间像王生这样的"处士"而治黄老者，也无非是迎合官方的这种思想倾向。

当然，黄老之学并非是在汉代才兴起的，而是早在战国时期即已产生。如《史记》在提到战国时期郑国的申不害时就称其学"本于黄老而主刑名"，又如慎到、田骈、接子、环渊这些稷下学者，也是"皆学黄老道德之术"；包括韩非，也"喜刑名法术之学，而其归本于黄老"。因此，黄老在战国时期应该即已经形成了一股较有影响力的思潮。这里还应注意的一点是，黄老学者往往多喜"刑名法术之学"，因此容易将此看成是黄老之学的一个重要内容；但从司马迁的评判可见，"刑名法术之学"并不应归并入黄老之学中，只是可能与黄老之术存在某种程度的结合而已。司马谈《论六家要指》称，黄老之学"以虚无为本，以因循为用"。"虚无"即道，指天地万物运行的规律；"因循"即指顺应此规律而行事，不事妄作，合乎自然，能秉此而行，内可以养生，外可以治国，道理是一贯而通的。

黄老之学的代表著作，主要是《管子》中的《心术》（上下）、《白心》《内业》等篇和长沙马王堆3号墓出土的黄老帛书。《管子》这几篇主要强调了两个问题：一是道的观念，二是虚静的观念。前者旨在为养生和治国确立一个理论根据，后者则在于确定养生和治国的基本原则。

稷下道家强调了道的宇宙论的意义,将道理解为精气,为构成万物的质料,也即万物的本原。当然,道同时还兼具规律的意义,这方面的解释则沿袭了老子道法自然之说。

在治身方面,黄老之学强调"心"的重要价值,认为心是藏精之所,精气在心,与形体不分,人才能生存,有精神活动。通过虚静其心,不为忧乐喜怒欲利所困,就可以聚集精气,使四肢坚固,耳目聪明。

在治国方面,黄老之学主张先以虚静为基础建立常规,为政者须能知人心,政令须符合众人心愿,然后"名正法备,则圣人无事"(《管子·白心》)。这种无为而治的理念对后世的政治实践有着深远的影响。

三、道家的新阶段:魏晋玄学

1. 玄风的兴起

玄学是道家思想发展的一个新阶段。它打破了汉代经学以儒家经典为基础、以训诂为主要治学方式的传统,以一种迥然不同的理论形态和学术风格兴起于魏晋之际,对后世产生了重要的影响。

西汉前期,以黄老之学为尊。至汉武帝罢黜百家、独尊儒术,儒学开始占据主导地位。经由孔子及儒家后学整理和传承的一些传统的文献,如《诗》《书》《礼》《易》《春秋》等,被作为官方极力推崇的经典,成为儒生和学者研习的基本文本。而其基本治学方式,就是注疏经书。五经皆有"传",是对经义的解释和发挥;传下又有"注",是对经书字句的意义的注解。但经过一段历史时期后,许多"传"和"注"因为太简要或年代久远,语义也显得晦涩难懂了,后人为"注"再作解释,即称之为"疏";疏之下又有"解""说",这样就渐次构成一个诠释学的系统。其实,这本来就是中国传统的治学方式之一,然而汉代经学在长期的发展之后,渐有积弊难返之势,一是烦琐迂阔,一字则证之万言,不明端要;一是引入谶纬灾异之说,曲与附会,遂使经学一变而为神学。而官方以积学明经为仕进之途,也导致许多功利之徒曲学干禄,心口不一,虚伪之风滋弥。

东汉后期,一些士人即针对经学之弊,开始清理和简化儒经的注释,并从学理入手,以道家天道自然来批驳、修正被异化的经学,清议、谈论之风大行。然而,东汉末期的党锢之祸,却暴露了名教的虚伪性。一贯标榜以名教治国的汉朝统治者,却以破坏名教为罪名,对真诚维护名教的党人进行无情的打击。这不能不令当时的士人戚戚生悲。因党锢之祸被杀的名士范滂在死前对其子就这样讲:"吾欲使汝为恶,则恶不可为;使汝为善,则我不为恶。"(《后汉书·范滂传》)在这种背景下,当时的知识分子开始对名教存在的合理性开始有所反思。而早就深刻揭示出名教异化可能性的老庄道家思想,则逐渐成为此一时期的重要思想资源。

魏晋之际,所谓"三玄"(即《周易》《老子》和《庄子》)成为士人的主要谈资。"玄"这一概念出自老子。在老子那里,"玄"是用来指幽深微妙、高远莫测的道,所谓"玄之又玄,众妙之门"。由于这几本著作都指涉深远,语及希微,因此而得名为"玄"。通过对这些文本的重新诠释、解读,魏晋玄学进一步引申出有无、本末、体用、一多、动静、自然和名教等范畴和众多的学术问题,把中国哲学的思辨性推到了一个新的高度,也开启了一个新的学术时代。

自然和名教之辨可以说是魏晋玄学探讨的主题。"自然"与人为或人为之物相对待,意思是自然而然、自己而然,本来如此。老子说:"夫莫之命而常自然。"(《道德经·第五十一章》)"莫之命",即表示在天地万物背后并无一个主宰施为者,强调的是天地万物本然如此,反对施为造作。与自然相对,"名教"则指名分纲常,是为维护特定的社会关系和秩序而人为制定的一套礼法制度。这套制度很容易给人带来受束缚感,异化为人性和自由的枷锁。因此,以嵇康为代表的竹林玄学就力排名教,主张"越名教而任自然"(《释私论》),复归人的自然本性。当然,按照《礼记·坊记》的说法,"礼者,因人之情而为之节文,以为民坊者也",如果确能"因人之情"而制定,亦可谓本乎自然,甚至可以说"名教即是自然"。这种讨论,其实正是对礼教存在的合理性、功能、价值和异化可能性的系统反省和审视,直到今天仍有重要的理论和实践价值。

2.正始玄学

玄学的发展大致经历了正始玄学、竹林玄学和元康玄学三个时期,以正始为发端。"正始"是三国时期曹魏废帝齐王曹芳的年号,此一时期以何晏、王弼为首,以老庄思想糅合儒家经义,谈玄析理,论妙言微,遂开一时风气,乃有正始之音。

何晏,字平叔,三国时魏南阳宛人,东汉大将军何进之孙。其父早逝,曹操纳其母尹氏为妾,因而被曹操收养,后娶曹操女金乡公主。何晏少年时即好老、庄之言,以才秀知名。魏文帝曹丕在位时并未授其官职,明帝曹叡亦认为他虚浮不实,仅授之冗官而已。正始间,曹爽秉政。何晏党附曹爽,累官侍中、吏部尚书,典选举,封列侯,一时位望极隆。高平陵之变后,何晏与曹爽同为司马懿所杀。

何晏立论,以为天地万物皆以无为本,"无也者,开物成务,无往不存者也"(《晋书·王衍传》)。他认为"道"或"无"能够创造一切。"无"是最根本的,"有"靠"无"才能存在,由此建立起"以无为本"、"贵无"而

"贱有"的学说。他还认为圣人无喜怒哀乐，无累于物，也不复应物，因此主"圣人无情"之说。在思想上他重自然而轻名教，与其仕势专权的实际行为多相乖违，颇为士人所诟病。当时的名士傅嘏即称其"言远而情近，好辩而无诚，所谓利口覆邦国之人也"（《三国志》卷二十一《裴松之注》）。

王弼踵何晏之迹，亦力标"以无为本"，而其思辨力又较何晏更胜一筹。王弼认为，"物无妄然，必由其理"（《周易略例·明象》）。天地虽大，富有万物，而其运化万变，皆有所本。由于万物可统称为"有"，而有的背后只有"无"，因此王弼将这个"无"视为万有之本，认为老子的"道"无非就是"无"的名称而已："道者，无之称也，无不通也，无不由也。况之曰道，寂然无体，不可为象。"（《论语释疑》）道贯通于万物之中，万物据之以生成变化。既然天地万物"以无为本"，是自然无为的，治理社会也应顺应自然，无为而治。圣人治世，须不执于有，不滞于用，在现实中则体现为不执着于名教，要在"道"的制约之下对名教进行合理的使用。如此则可将名教归本于自然，确立其合理性，从而使名教最大限度地发挥其治世功能。

王弼是天才卓出的一代思想家，自小便聪慧异常，想妙思深。弱冠时诣何晏，交谈之下何晏对其极为称赏，叹曰："仲尼称后生可畏，若斯人者，可与言天人之际乎！"（《三国志·魏志·钟会传》，裴注引何劭《王弼传》）王弼人生短暂，24岁就去世了。然而在这短短的人生里，他留下了《老子注》《老子指略》《周易注》《周易略例》等著作，几乎每一部都在各自的学术领域产生了重要的影响。他一扫汉儒烦琐、迂腐的弊端，融合儒道两家之说，从汉儒的注重传注训诂，转向于义理的诠释；从汉儒的注重《春秋》，转向重视《周易》。他摒弃了汉儒治《易》中的象数传统和迷信色彩,而强调义理的贯穿,给当时暮气沉沉的学界带来一股新风。王弼也由此成为魏晋玄学理论体系的奠基者和代表人物,代表了魏晋时期哲学领域的最高水平。

3. 竹林玄学

竹林玄学以嵇康、阮籍等竹林名士为代表,为玄学发展的第二阶段。与正始玄学以老子为主要讨论对象不同,竹林玄学以庄子为主要的话语资源。庄子在论证有无关系时不同于老子,老子更多是以无为本,以本统末;而庄子则直接以用为体,由万物"咸其自取"显现无之意义。"自取"即无所取,也即自生自化,此即天道自然。以用为体,实际上等于视体用为一;与之相应,自然与名教亦当是一体。但庄子有感于时人用智谋而妄意造作,视名教为工具,遂有毁弃仁义之说。可见,庄子的观念实际上包含着两层意义:自然与名教理应为一,但在现实形态上却表现为对立。如果说向秀着重从前者论说自然与名教统一的应然性,那么阮籍、嵇康则着重从后者论说自然与名教已然发生背离的现实,且主张要超越这种现实。

魏晋玄学的一个很重要的话题就是儒道异同。王戎就曾问阮瞻:"圣人贵名教,老、庄明自然,其旨同异?"阮轻描淡写地回了句:"将无同?"(《世说新语·文学》)大概是说,也许没什么不同。对于这个问题,向秀大概是明确的持同派,即视儒道、自然与名教为一体。向秀亦为竹林七贤之一,与嵇康、吕安等人相善,曾为《庄子》作注,"妙析奇致,大畅玄风"(《世说新语·文学》)。向秀认为人的嗜欲、好荣恶辱、好逸恶劳等皆生于自然,名教虽对此有所节制,但不当站在这些自然情性的反面。就个人来说,追求富贵若求之以道义,也不当视为伤德。

嵇康、阮籍也主张名教与自然的合一。他们崇尚自然，认为自然乃是宇宙本来的状态，是一个有规律的和谐的统一整体，其中没有任何矛盾冲突。而人类社会又是自然的一部分，也本应是一个无利害冲突的和谐整体。然而在当时司马氏统治下的季世，名教已经充分异化，"刑本惩暴，今以胁贤。昔为天下，今为一身"（《太师箴》），和谐状态事实上已经被破坏。因此，阮籍对"士君子礼法"大加鞭挞，嵇康也公然"非汤武而薄周孔"（《与山巨源绝交书》），主张"越名教而任自然"（《释私论》）。嵇康对人性、人情的自然尤其注重，强调合理的政治秩序对人性应该不扰、不逼，给予人们宽松自然的环境；而从个人来讲，对自身的情欲也应该以理性去审视和控制，"知名位之伤德，故忽而不营，非欲而强禁也；识厚味之害性，故弃而弗顾，非贪而后抑也"（《养生论》）。由此可见，嵇康强调的自然并非感性的自然，而是理性的自然。有这一前提，方与后来东晋玄学末流"肆情任性"的纵欲主义人生观有着根本的分野。

　　其实，嵇、阮将名教与自然对立，本质上不过是现实与理想的对立，是以理想来对抗现实。其理论旨趣，在于通过对现实的批判，使名教复归于理想之境。另外，与正始玄学相比，何、王观念中的自然，具有客观性的意义。圣人与自然之道的合一，即是"体无"之境。其理论侧重点并不在个体自我心灵的逍遥，而是由"内圣"通达"外王"上，目的是保证名教治世的客观功能。而阮、嵇则把具有客观性意义的天道内化为人的境界，试图解决的是如何在名教中获得自由或逍遥的问题。其理论所凸现的，更多是精神境界的问题，如嵇康所追求的，"外物以累心不存，神气以醇白独著，旷然无忧患，寂然无思虑。又守之以一，养之以和，和理日济，同乎大顺。"（《养生论》）相较于这种价值，名教如无旁助，甚或只是负面的阻力，那便真可视为可弃的敝履。

4.元康玄学

元康玄学又称为中朝玄学，是继竹林玄学之后玄学的又一种形态。"元康"是晋惠帝的第三个年号，大致处于西晋中后期。竹林玄学"越名教任自然"的主张，挑战了社会秩序对个人的统治，促进了个性自由的觉醒。但沿着这种观念向前发展，则很容易走向过分蔑视社会规范，率意自为，导致放纵失范。元康时的一些名士，如阮瞻、庾顗、谢鲲等，即可为放达派之代表。

对秩序的蔑视当然很难为统治者所接受，嵇康的被杀早就发出了名教强势警告的信号。而在理论上，裴頠的《崇有论》也在一定意义上代表了这种反弹的声音。裴頠是司空裴秀之子，历任要职。他反对王弼、何晏的贵无论，而申之以崇有。崇有就是推重"有"的地位，在有无的逻辑关系上强调"有"的本原性。裴頠认为，万物是自身运动发生的，"无"只是"有"的一种表现形式，不能视为"有"之本。而在名教与自然的关系上，裴頠批判了"淫抗陵肆"的危害，认为贵无贱有则必遗制忘礼，"礼制弗存，则无以为政矣"。

同一时期的郭象也与裴頠持有相似的观点。郭象，字子玄，洛阳人。他在向秀《庄子注》的基础上进行了发挥，建构了自己的思想体系，其理论核心是"独化论"。郭象认为，万物不可能生于无，而只能是"有有相生"的过程。立一个"有"作为万物的本原也不行，因为它无法解释单一的"有"如何生成不同的万物的问题。因此，万物并没有一个统一的根据，而是各自沿着自己生化的路径各自成就自身，这就叫"独化于玄冥"（《齐物论注》）。因此，用即是体，不须另设本体。

郭象还提出"性分"说，认为每一事物与个人所禀的"性分"是不同的，如若认识到自己的性分，了解并认同自己所受到的限制，则一样可以自足和逍遥。沿着这种思路，郭象对自然和名教的关系进行了一番全新的理解。他认为，对于一个个体而言，名教本来就是其生存背景，其限制是先在的；但人却可以不冀图在现实上超越这种限制，因为可以将名教本身理解为自然，理解为自己的"性分"。而若无意超越，则虽在限制之中而并无受限制感。这样，在现实无法改变的前提下，人们一样可以获得逍遥。即便是奴隶，只要能安于性分，也一样能够获得逍遥。在魏晋时期，政局的动乱分裂、统治者的骄横残暴都让人深觉现实的苦难，而对于大多数人来说，又无力从现实层面改变这一切。郭象的理论，正是试图在无法超越的现实中实现对现实的超越，虽然只具有观念形态的意义，但对于苦难的人生而言，仍然有着超拔的价值。

当然，从统治者的层面，对于这种强调名教和自然的统一、认同现实的理论自然也是极力欢迎。甚至，郭象还对统治者身处庙堂、为天下所累的处境表示了足够的关心，为其设计了"虽在庙堂之上，然其心无异于山林之中"（《齐物论注》）的超妙境界。这样，郭象就通过以用为体的理路，打通了自然与名教的壁障，将游外与宇内、庙堂与山林融通为一，肯定了理想与现实、自由与道德、个体与社会的统一，把正始玄学即引出的本末有无之辨和自然与名教之辨推向了一个新的理论高度。

第三章　道教的产生与发展

一、道教的初步形成

1.神仙方术

神仙之说由来已久。古代社会，人们在崇自然、敬神灵的同时，也在试图战胜自然，提高人体自身的求生能力。这种观念的不断放大就可以衍生出神仙观念，即依靠某种修为方式，可以达到某种超越普通人的能力，以至达到长生不死。许多传说口口相传，便渐渐具备了观念的影响力，如广成子修身千二百年而形体不衰、彭祖住世长寿八百岁等等，被记录下来，便成了似乎确有其事的根据。许多典籍备述神仙之事，如在《山海经》中，即记载有所谓"不死之山"和"不死之国"，而《庄子》中亦有藐姑射之山之神人，又有至人、真人等超出一般人境界和能力这样神般的存在。《列子》中也记述有瀛洲、蓬莱这样的仙山，山中之树结的果子吃了可以不死，里面居住的人非仙即圣，可以飞来飞去。这些典籍影响的结果，可于嵇康《养生论》见之，他说："夫神仙虽不目见，然记籍所载，前史所传，较而论之，其有必矣。"当然，这种信念一方面来自"记籍所载，前史所传"，一方面也和人们的期待有关。现实多苦，寸肠百结，自然愿意相信有超越这现实苦难和烦扰的世外仙境，相信自己有飞度成仙的可能性,这是神仙观念产生的心理基础。

方术是方技和术数的统称。"方"是通达某种目的(比如成仙)的道路和方法,"数"则主要指运用方法时的规律,比如阴阳五行生克制运化的规律。通晓方术者一般称为方士。古代关于方术和方士的记载很多,《战国策》记载有人献不死之药于荆王,《韩非子》也提到"客有教燕王为不死之道者"。秦始皇时,宠信徐福、卢生、韩终、侯公、石生等方士,以为他们能与其不死之药与得道之方,这愿望当然没能实现。汉武帝时也宠信李少君、少翁、栾大等方士。此时之方士,其术亦多端,有招神、还魂、采药、望气、炼丹、祠灶等,说来其实以骗术居多。许多方士施骗而未成功,结局往往被杀。当然,也有遗世隐修的方外之士,出于成仙得道的信仰,通过长期的修炼实践,总结了许多祛病延年的功法,如服食、辟谷、导引、吐纳等,对医药学、养生学等有一定的发展。

2.谶纬神学

谶纬神学是两汉时期的一种社会思潮。"谶"的本义是应验,所谓立言于前,有征于后。当时社会上流行一些神秘的隐秘预言,假托神仙圣人以预断吉凶,又分为符谶、图谶等。如秦始皇晚年,方士卢生就从海仙处带回图书,中有"亡秦者,胡也"的谶语。秦始皇以为"胡"是胡人,还派军北去击胡,没想到后来秦亡于其子胡亥之手——当然,这会让很多人相信果有其验。类似的事发生几次,再经过口耳相传,慢慢也就获得了一定的影响力。"纬"是相对于"经"而言的,是指用天人感应、阴阳灾异等学说附会和解释儒家经典而形成的作品,又称为"纬书"。如《诗经》《尚书》《周易》等经书皆有其纬书。

西汉时,董仲舒的天人感应和神学目的论思想又进一步为谶纬神学提供了一定的理论依据。董仲舒不仅利用道家和阴阳家的思想资料阐发儒家经典中的微言大义,且大谈阴阳灾异和符瑞之说。在他看来,王者将兴,必先有符谶出现;君主为政的好坏,也有符瑞与灾异以应之。这些观念在当时经过不断的发酵,逐渐成为一种思潮,产生了较大的社会影响。王莽称帝就利用谶语制造舆论,制作了"告安汉公莽为皇帝"的石碑。刘秀之兴起亦利用了"刘秀发兵捕不道,卯金修德为天子"(《后汉书·光武帝纪上》)的谶文,最终夺取政权。刘秀即位以后,于中元元年(56)宣布图谶于天下。谶纬神学不仅合法化而且被定为官方哲学。此后举凡制度、大臣任命等,皆托图谶以"决定嫌疑"。汉章帝时,亲自主持白虎观会议,并将会议内容编纂为《白虎通义》一书,其中包含大量谶纬神学的内容。在《白虎通义》中,天地和阴阳五行都被描绘成有意志的存在,三纲六纪、三从四德都被说成是从天地阴阳的秩序中引申出来的,因此也似乎被赋予了天然的合法性。这部书由于是皇帝钦定、官方颁布发行的,在某种意义上等于是将谶纬神学国教化,同时也将经学进一步谶纬化。

在谶纬盛行的背景下,也有一些有见识的学者,如桓谭、尹敏、郑兴、张衡和王充等坚决反对谶纬,揭露和批判谶纬的荒谬无稽。张衡还提出了禁绝的主张。由于谶纬很容易被人利用来散布改朝换代的政治预言,统治者也逐渐认识到其中的危险。南朝宋大明中始禁图谶,至隋炀帝时亦加以禁毁。一直到唐宋时期,谶纬之说方渐渐退出思想舞台。

3.张陵和五斗米道

在谶纬盛行的年代,道教也在悄然地滋生。道教发生于东汉不是偶然的,一者此时社会上本来就存在浓郁的宗教气氛,再加上社会动荡,连年战争,瘟疫亦时有发生,人们正常的心理平衡被打破,需要在观念上有所超越——这正是宗教产生的温床。

张陵,字辅汉,传说是西汉重臣张良的八世孙。少喜读书,七岁即熟读《老子》。又旁涉博览,于天文地理图书谶纬之秘无所不通。后曾入太学,熟习五经。汉明帝时曾任巴郡江州令,后隐居北邙山,修炼长生之道。又曾炼丹于江西云锦山,据说"丹成而龙虎见"(《汉天师世家·卷二》),此山也因之得名龙虎山。顺帝时,修道于四川鹄鸣山。传说太上老君降临蜀地,授其道书、法器,命为天师,嘱其广行正一盟威之道,扫除妖魔,救护生民。张陵由此开始传道授徒。他传教的主要方式是以符箓咒水辟邪驱鬼,为人治病。张陵会让病人反省自己平生的过错,并写下来投入水中,与神明共盟约,不得复犯,谓之"首过"。人们如再犯病,首先想到的就是反省过错,生敬畏之心,如此则不无导民向善之功。教徒在一定时间还要会集治所,检查有无违禁行为。教门中尊老子为教主,尊称太上老君,以《老子五千言》为经典。建立治区,各立道官祭酒,以御道民。凡入道者皆须纳米五斗为信,是以世人称之"五斗米教",后来一般称"天师道"或是"正一道"。

张陵死后,其子张衡继续充当天师道的首领,后世教徒称"嗣师";张衡死后,其子张鲁又继之,称"系师",由此渐渐形成了一个由亲嗣传承天师之位的传统。发展到张鲁时,五斗米教在汉中已经形成很大的影响。后来张鲁借势割据汉中,建立了政教合一的政权。张鲁治内不设长吏,而是由入道较久的信徒充当"祭酒",各领部众。在对部众的管理上,也不用严刑苛法,一般对犯法者宽宥三次,之后再犯才加惩处;若为小过,则当修道路百步以赎罪。张鲁教民诚信不欺诈,令病人首过以去其病。又依照《月令》,春夏两季万物生长之时禁止屠杀,又禁酤酒。他还创立义舍,置义米肉于内,免费供行路人量腹取食,并宣称过多取用会得罪鬼神而患病。这些措施,为天下大乱形势下的民众营造了比较宽松的生活环境,因此得到了当地民众的拥护,是以能够雄据巴汉三十年之久。后来,曹操亲率十万大军西征汉中,张鲁审时度势,最终投降了曹操,五斗米教政权也宣告覆灭。张鲁投降后,曹操一方面对张鲁及其子女部属封官安抚,同时又将他们及汉中人民大量北迁,对五斗米教的根据地进行瓦解。张鲁死后,五斗米教基本上处于溃散状态,其发展转入低潮。

4.张角与太平道

张角,东汉末冀州巨鹿人。他曾得到道士于吉等人所传《太平清领书》,受此书影响而创立了一种新的道教组织——太平道。《太平清领书》又名《太平经》,是东汉黄老道的重要经典。此经卷帙浩繁,内容庞杂,大抵以奉天法道,顺应阴阳五行为宗旨,广述治世以达于天下太平之道,兼及长寿成仙、治病养生、通神占验之术。该书颇受汉代谶纬神学的影响,亟言灾异祥瑞、善恶报应,但也不无周穷救急、扶弱锄强等反映贫苦民众疾苦与要求的思想,故为张角兄弟所利用,作为传道的思想基础。张角在民间传统医术的基础上,加以符水、咒语,到处为人治病。如果病治好了,就说此人信道;如果不愈,则称此人不信道。愈者自然容易信之,不愈者也往往因恐怕病不好而归信其道。张角也采用了五斗米教"首过"的方式,宣称在天上有鬼神监视人们的行为,并根据人们行为的善恶来增减其寿命,要求人们多行善事,少做坏事。以行医为掩护和传道手段,张角广泛宣传太平道的教义。由于他主张均贫富、平等互爱,反对剥削、敛财,因此颇得穷苦大众的响应。

张角又派出弟子,到四面八方去宣传教义、发展徒众。十余年间,太平道势力遍布青、徐、幽、冀、荆、扬、兖、豫八州,徒众达数十万人。张角将教徒划分为三十六个教区组织,称为"方",类似于军政合一的组织。每方数千至万人,俱设渠帅负责。渠帅则皆听命于张角。经过十多年的努力,太平道的教徒人数发展到几十万,影响日益扩大。

张角所创立的太平道,所奉祀的神为黄老,也尊奉中黄太乙。太乙又作太一,被认为是紫微宫北极天帝或天帝大皇,是天中央主宰四方的最高神。太平道在"太乙"之前冠以"中黄"二字,当与阴阳家的"五德终始"说有关。五行中土居中,色尚黄,因此称"中黄"。东汉光武帝得赤符称帝,以火德自居。而按照五行相生说,火所生者为土,因此主运土德的太平道将取代主运火德的东汉王朝,建立黄天太平社会。

中平元年(184),张角以"苍天已死,黄天当立。岁在甲子,天下大吉"为口号,自称"天公将军",他的弟弟张宝、张梁则分别称"地公将军"和"人公将军",发动了起义。起义者皆以黄巾缠头,时人称之为黄巾军。由于当时朝廷腐败,宦官外戚争斗不止,边疆战事不断,国势日趋疲弱,又因全国大旱,颗粒不收而赋税不减,以至民不聊生,是以黄巾一起,天下响应,对东汉朝廷的统治产生了巨大的冲击。虽然不久之后张角便病死,起义军也很快被汉朝所镇压,但这次起义震撼了东汉王朝的根基,直接导致了东汉末年军阀割据、混战、进而演变为三足鼎立的局面,也奠定了道教此后传播、发展的历史格局。

二、道教体系的构建

1.葛洪与《抱朴子》

2015年12月,中国科学家屠呦呦因为发现青蒿素——一种用于治疗疟疾的药物，而被授予诺贝尔生理学或医学奖。这是中国内地科学家首次获得诺奖自然科学奖，对中国科学界来说也是一个历史性的时刻。在接受采访时屠呦呦称，她是在东晋葛洪《肘后备急方》一书中看到"青蒿一握，以水二升渍，绞取汁，尽服之"的说法，从而受到了一定的启发——这让葛洪这个名字走进了公众视野。当然，接下来被问得最多的一个问题就是——葛洪是谁？

　　要说葛洪真正的身份，其实应该说是东晋时期热衷于炼丹修道的一位方士，当然也可以说是道士。要论医学，他倒也颇有研究，曾著有《金匮药方》《肘后备急方》等医书，但医学却不是他真正的志趣。对于升官发财，葛洪也毫无兴趣。他为人木讷，不善社交，也不会下棋打牌，要说爱好也就是读书，最向往的乃是"神仙导养之法"。葛洪的伯祖父葛玄曾师从炼丹家左慈学道，号葛仙公，有个弟子叫郑隐，道行很高。葛洪就拜郑为师，尽得其学。后来又师事南海太守鲍玄，继修道术。鲍玄亦为能"逆占将来"的道教名士，见到葛洪后很是赏识，并把自己的女儿嫁给他。此后，葛洪一度委身官场，曾官拜伏波将军，赐爵吴内侯。虽然做着官，但葛洪真正念念不忘的还是炼丹修道之学。趁着做官的便利，葛洪到处搜罗异书，以增长学识。咸和初年，他听说交趾这个地方出丹砂，那正是炼丹的重要材料。于是，他主动要求降为当地的地方官。晋成帝觉得这太委屈他的大才了，本来不放，可耐不住葛洪一再请求，终于还是依了他。可是，葛洪带着子侄去上任的途中，经过广州，被当地刺史邓岳执意挽留不放，一边给朝廷打报告，一边在当地为葛洪谋好了静养之地。当地的罗浮山，据仙经所载乃是"可以精思合作仙药"的名山，相传秦代安期生曾在此山服食九节菖蒲，羽化升天。邓岳表示，愿供他原料在此炼丹，于是葛洪就中止了赴任的行程，入此山修道炼丹，著书讲学，一直到81岁去世。后来,此山也成为道教的十大洞天之一,称"第七洞天"。

葛洪真正的代表作其实不是《肘后备急方》,而是《抱朴子》。《抱朴子》分《内篇》和《外篇》,各自成书。《外篇》主要论述时政得失,言治民之法。对儒、墨、名、法诸家兼收并蓄,强调君主应任贤举能,爱民节欲。《内篇》以"玄"或"玄道"为天地万物之总根源,认为人如果能够领悟其道(得玄),则有机会得以长生。葛洪肯定神仙的存在,崇信炼制和服食金丹可得长生成仙,因而系统总结了战国以来神仙方术的理论,构造了金丹、辟谷、服药、导引等诸多修炼成仙的方法,并建立了一套成仙的理论体系。对于儒家的纲常名教,葛洪基本持肯定态度,他对早期民间道教颇有微辞,认为张角等人淫祀妖邪、奸乱浅陋,背纲常之理而难以入道。他宣扬道教徒也要以儒家的忠孝仁义为本,否则,虽勤于修炼也不能成仙。当然,修仙也不妨碍治国,通过修炼可以保德致长生,也可以治世致太平。这样,葛洪就建构起一套以神仙养生为内、儒术应世为外的儒道合一的体系,为道教的上层化和官方化奠定了理论基础。

2.寇谦之与北天师道

前面提到,张鲁投降曹操后,随着汉中士民的大量北迁,天师道也随之在北方开始传播。但张鲁死后,天师道陷入组织涣散、思想紊乱的状态。由于天师道常被农民用作组织和发动起义的旗帜,统治阶级对它一直怀有戒心,虽然不无拉拢利用,但进行武力打压也是免不了的,这显然不利于天师道的发展传播。比如西晋时李特、李雄曾借助天师道发动流民起义,甚至还在青城山天师道首领范长生的扶持下建立政权。但胳膊扭不过大腿,最终还是被桓温所灭。在这种背景下,对民间道教本身进行改造就成为一种时代选择,比如葛洪的许多努力,已经开了道教上层化改革的先声。其实士族上层对道教采药炼丹、脱俗离世的生活样式很感兴趣，何况还有飞升成仙、长生不死的理想支撑，更是拓展了人生的可能性。因此在这一时期，加入道教的门阀士族也日益增多，比如才女谢道韫的丈夫、王羲之的儿子王凝之，就是一位笃信五斗米教的道教徒。后来沿着这种方向，对道教进行进一步成功改造并使其上层化和官方化的，则是南北朝时期北魏的寇谦之。

寇谦之出生于仕宦之家，但他"早好仙道，有绝俗之心"（《魏书·释老志》），早年也曾修炼过张鲁之术，服食饵药，也没什么效果。后来遇到一位精通天文、数学的异人成公兴，随之入华山，采药服食。此后又入嵩山，精心修道，天机渐开。他自称，乘云驾龙的太上老君降临嵩山，授以天师之位，赐以《云中音诵新科之戒》二十卷，传其服气导引之法，令其除去三张（张陵、张衡、张鲁）伪法，清整道教。后来又称太上老君玄孙李谱文来临嵩岳，赐其可劾召百神的《天中三真太文录》，并命其辅佐北方太平真君（暗指北魏太武帝），行教于世。北魏太武帝始光元年（424），寇谦之献道书于刚刚继位的太武帝。起初，太武帝对此并没有明确的态度，朝野对寇谦之的说辞也将信将疑，不过在重臣崔浩的极力劝说下，太武帝拓跋焘也许看到了道教对于巩固自己统治的价值，开始全力支持。440年，魏改年号为太平真君。又过两年，太武帝亲至道坛受箓，封寇谦之为国师。至此，天师道乃大盛，以后在北朝一直受到崇奉，获得了国教的地位。

寇谦之对道教的教义和制度进行了全面的改革，他把一些已为人们普遍接受的儒家纲常伦理观念吸收到道教戒规之中，又吸取了佛教的一些礼仪规戒，建立了相对完整的的道教义理和斋戒仪式。他废除了此前天师道征收租米钱税的制度，也废除了原来祭酒等道官私授教职的做法和某些教职的世袭制度,要求唯贤是授,根据修行高下来授予教职。他坚决反对利用天师道犯上作乱,也改变了以符水治病的教义,因为这样道教容易被民间起义所利用而为官方所忌惮排斥。他也反对早期道教中的男女合气之术等方术,而是宣扬服气导引之法,提倡服食闭炼。总的来说,经过寇谦之的改革后,道教在教义和形式上更加系统和精细,社会适应力也大大增强。为了和以前的天师道相区别,经过改革后的天师道被称为北天师道或新天师道,是道教由民间进入殿堂的一个关键环节。

3.陆修静与南天师道

> 我从庐山来,目送孤飞云。
>
> 路逢陆道士,知是千岁人。
>
> 试问当时友,虎溪已埃尘。
>
> ……

这是苏轼游庐山时写的一首诗。虎溪在庐山东林寺前,相传晋僧慧远居东林寺时,送客不过溪。一日陶渊明、道士陆修静来访,与语甚契,相送时不觉过溪,虎辄号鸣,三人大笑而别,是为"虎溪三笑"。可见,这位苏轼在想象中遇到的已然"千岁"的"陆道士",指的就是陆修静。

陆修静为南北朝时吴兴人,早年就出家修道,遍历云梦山、衡山、罗浮山、峨眉山等名山胜迹。后因为匡庐风光所吸引,遂于庐山南麓构筑精舍——太虚观,以修道理真。数年之中,陆修静又不断拓置和扩建,"峻坡六层,倾涂九折。丹崖翠壁,削刻殊形"(南朝梁沈璇《简寂观碑文》)，将此处建造成了一处规模宏伟的名观。与此同时，陆修静也广收门徒，系统整顿道教组织，完善道教仪式和经典，将道教发展为和当时兴盛的佛教分庭抗礼的一大教派。"虎溪三笑"虽然可能只是虚拟的一个故事，但也能见出当时儒释道和谐共存的这样一种局面。

陆修静和寇谦之一南一北，都是道教改革的重要人物。他先是广泛搜罗道教经典，"遗文余记，盈藤委箧，摘玄宗之奥旨，畅秘诀之幽玄"（南朝梁沈璇《简寂观碑文》），通过整理道经，构建出一个"三洞真经"的道教经典体系。所谓"三洞"，指的是《上清经》（洞真）、《灵宝经》（洞玄）和《三皇经》（洞神），这是早期的三种道教经典。《上清经》斥巫术而主思神服气、修性飞升，《灵宝经》重符箓斋醮、济度众生，《三皇经》叙神鬼谱系、求神要诀，"三洞"可谓各有所重。陆修静将上清、灵宝、三皇各派经典汇归一流，编成《三洞经书目录》，并创造了三洞四辅十二类的道教典籍分类体系，为隋唐以后历代整理道书、编修"道藏"提供了基本框架。

陆修静不仅对道教经典进行了系统的整理，还对道教的组织形式进行了整顿，完善了斋醮仪式规范。当时道教中许多道官自行署职，身无戒律，不顺教令，越科破禁，轻道贱法，对此陆修静都予以严厉清整。他实行了按级晋升的制度，强调每一级的升迁都要有相应的功德依据，对道官的管理更加严格。他十分重视道教斋仪的作用，将其视为"求道之本"，并在总结前代斋仪的基础上，制定了"九斋十二法"的斋醮体系和相应的解释系统，使道教斋仪在形式上和理论上都更加完备。陆修静的斋戒理论，主以神仙长生之道，亦旁采儒释之说，作为构立斋仪规范的基础。比如对于道教中的礼拜、诵经、思神等仪式活动，他的解释是："身为杀盗淫动，故役之以礼拜；口有恶言，绮妄两舌，故课之以诵经；心有贪欲嗔恚之念,故使之以思神。用此三法,洗心净行,心行精至,斋之义也。"
(《洞玄灵宝斋说光烛戒罚灯祝愿仪》)这些斋戒的目的,无非是约制人心欲虑,使人归静而合道,对于社会教化也不无补益之功。

陆修静的一生对于道教可谓是"大敞法门,深弘典奥"(《上清道类事相》卷一《仙观品》引《道学传》)。他以"内持斋戒、外持威仪"为本创立了大行于世的南天师道,使之成为与寇谦之创立的北天师道相比肩的道教重要道派。后来又经他的高足孙游岳和再传弟子陶弘景大力鼓吹和传布,而繁衍出著名的茅山道派。

4.陶弘景与茅山派

山中何所有?

岭上多白云。

只可自怡悦,

不堪持寄君。

这是南朝齐梁间道教茅山派宗师陶弘景寄奉齐高帝萧道成的一首诗。陶弘景出身于仕宦之家,从小就受到了极好的教育。四五岁便学书,九岁时历览儒家经典。十岁得葛洪《神仙传》,"昼夜研寻,便有养生之志"(《南史》卷七十六)。十五岁作《寻山志》,其文有超世之怀。萧道成为相国时,他曾被引为诸王侍读,朝仪大事多取决于他。可陶弘景虽身在帝阙,却心在山林之间,最终还是选择了归隐。他隐居茅山之后,齐高帝曾下诏书问曰:"山中何所有? "此问颇不以弃功名、隐林泉为然,隐有劝其出山之意。于是陶弘景就写了这首《诏问山中何所有赋诗以答》,语虽简淡,却将自己的志趣表达得很有意致。确实,山中没有钟鸣鼎食、荣华富贵,但这样一种超尘出世的生活却代表了另一种价值追求,这是沉溺于世俗中的人们所不能体味的。

后齐梁禅代,萧衍继位为帝。一开始国号未定,陶弘景援引图谶,处处皆成"梁"字,命弟子进告,萧衍遂立国号为梁。梁武帝早年即与陶弘景交往甚密,继位后更是书问不绝,屡加礼聘,请其出山。陶弘景就给武帝画了一幅双牛图,图上一牛散放水草间;一牛带着金络头,有人牵绳以杖驱之。武帝见图,笑着说:"原来他是想效法庄子讲的'曳尾之龟'啊!"于是也就不再勉强。不过国家每遇大事,梁武帝往往前往咨询,每月都要给他数封书信,因此陶弘景被时人称为"山中宰相"。

陶弘景隐修的地方是在江苏句容的句曲山,又称茅山。相传西汉元帝时,陕西咸阳茅氏三兄弟于茅山采药炼丹,济世救民,后得道于此,被奉为茅山道派之祖师。但从道教实际的发展史来说,陶弘景才是道教茅山派的真正开创者。他沿着寇谦之和陆修静的道教改革路径,继续吸收儒释两家思想,充实道教的内容,使上层化的官方道教从形式到内容都逐步得以健全和充实。

陶弘景在道教发展史上完成了一个重要的工作,就是构造了道教的神仙谱系,并系统叙述了道教的传授历史,从而提供了一个相对完整的道教信仰框架。他著有《真诰》一书,介绍了道教上清派的历史、传记和方术等,对道教其他派别也有所涉及。该书奉上清法为"上道",崇尚诵经、存神、守一、斋戒等精修之术。书中还引入了许多佛教的观念和术语,比如将佛教罪福、地狱之说引入道教,以此构筑酆都鬼官阴司,反映了当时佛道两教的交流和融合。陶弘景还著有《真灵位业图》,系统地构建了道教的神仙谱系。该书将神仙分为七个高下有别的等级,每级都有一位主神位于正中央,左右又分列同一级位的神位若干。元始天尊是最高神,居第一级的主位;同级的左右仙官也都是不带人间世俗气氛的超现实的神灵,如东明高上虚皇道君、西华高上虚皇道君等。其他等级的神仙,有的是历史上的帝王,如第三等级的黄帝、颛顼、帝喾、尧、舜、禹,第七等级的秦始皇、汉高祖、魏武帝等;也有著名的将相,如第四等级的张子房、东方朔,第七等级的李广、何晏、殷浩等;有的是儒家的圣贤,如第三等级的孔子、颜回;有的是道教史上的重要人物,如第四等级的老子、张道陵、葛洪等,太上老君老子在此图谱中身份地位从原先道教中的万神之主下跌为第四等的主神。总之,神谱中各色人等都有,大多声名赫赫,但也有难考其来源的。其排序标准也不太明确,缺乏充足的依据,《四库全书总目提要》就称其"诞妄殆不足辨"。不过,里面设立的神仙,许多都被后世的不同道派尊奉,产生了深远的影响。

茅山派经陶弘景奠定基础,后至隋唐时又出有王远知、潘师正、司马承祯等著名人物,声名益著。唐末宋初,道教中的天师道和上清派、灵宝派分别以龙虎山、茅山、阁皂山为活动中心,形成著名的"三山符箓"。茅山派也成为主流道派之一,世有传承。

三、道教的发展与道经的整理与编纂

1.唐代道教和《开元道藏》

隋唐时期,官方道教相当兴盛。因为道教尊奉的老子姓李,唐皇室也姓李,所以唐朝王室自称为太上老君后裔,自开国后即尊崇道教,规定道教为三教之首。唐高祖李渊曾诏改羊角山为龙角山,并建老子庙,后来还亲至终南山谒拜老子庙。武德八年(625),他下诏叙三教先后,以道教为首,儒教次之,佛教最后。唐太宗李世民也曾颁有《道士女冠在僧尼之上诏》,将道教的优先性进一步确立。

唐玄宗李隆基尤其崇信道教,他加封老子尊号为大圣祖玄元皇帝,并令天下各州建玄元皇帝庙,每年依道法斋醮。他还规定天下诸州均须遵守道教节日制度,并对道教代表人物和各地的灵山仙迹,都规定了崇礼醮祭制度。他还大力倡导斋醮和道教乐曲,著名的《霓裳羽衣曲》便是李隆基自制,用于祭献老子时演奏。他亲注《道德真经》,又令士庶家藏《老子》一本,并把《老子》列入科举考试范围;还封庄子、文子、列子、庚桑子为真人,其四子所著之书改名为真经,并设置崇玄馆,规定道举制度,以"四子真经"开科取士,并设置玄学博士。由于玄宗的推崇,使道教在教理教义及斋醮仪式等方面均有较大的发展。另外,在这一时期还编成了中国道教史上的第一部道藏——《开元道藏》,在道教经籍的收集和整理上可谓是里程碑式的成就。

一种宗教或者思想派别的形成往往都会有自己的经典系统。它作为原始文本,是思想传承和生发的根基。据东汉班固《汉书·艺文志》著录,先秦至西汉的道家和神仙家著作共有47种,1198卷。这些古籍现大多已经失传,留传下来的少数经典,如《老子》《列子》《庄子》《淮南子》《黄帝内经》等,后来都成为道教的重要典籍,是道教的思想资源。对这些经籍的收集和整理,对于道教的发展来说当然具有不可估量的意义。魏晋时期,葛洪著《抱朴子·内篇·遐览》,著录道书 670 卷,符书500 余卷,且明确提出,其目的是"欲令好道者知异书之名目也"。南北朝时,陆修静又修《三洞经书目录》,首次提出了按照经书来源分类的方法,这也成为了此后编辑道教经书目录的指导思想。不过,若论系统性和完整性,《开元道藏》则要更擅胜场。

《开元道藏》编纂于唐开元年间。唐玄宗崇信道教,也非常重视道教典籍的收集和整理。他派人到处搜访道经,并令太清观主史崇玄编写了《一切道经音义》和《一切道经目》。后又在此基础上,在全国范围内进一步收罗道书,纂修成《开元道藏》,目为《三洞琼纲》,总计3744卷(一说5700卷,一说7300卷)。后唐玄宗又亲自主持编修《玉纬别目》,记传疏论相兼,九千余卷,并于天宝七年(748)诏令传写,以广流布。《开元道藏》的编纂体例采取三洞分类法,分三洞三十六部,即洞真、洞玄、洞神各十二部,一时蔚为大观,达到了历代整理道书的高峰。然而可惜的是,此书于安史之乱时毁于兵火,未能流传下来。

2. 宋代道教和《大宋天宫宝藏》

经过五代十国的动乱和分裂,宋代王朝建立后,又归于统一。宋代统治者继承了唐代儒释道兼容和对道教的崇奉扶持政策,使道教在各个方面都有很大的发展,是道教史上的兴盛时期。

宋太祖赵匡胤在黄袍加身之前,便与陈抟等道士过往颇密,他还曾利用"符命"为其称帝制造舆论。称帝以后,宋太祖对道教的发展也甚为关注,不时召见道门之士,赐赠封号财物。他对道教的一些陋习进行了整顿,还召集京师道士对其学业进行考核,并斥退品学不良者,以提高道士的整体素质,对道教本身的发展颇为有益。太宗赵光义比较崇尚清静无为的黄老之学,他即位后沿袭了其兄的重道态度,不仅对道士颇为礼遇,而且积极搜集道书,兴建宫观,使遭受了唐末五代战乱而有所衰落的道教又恢复了元气。

到真宗赵恒时,将崇道政策推向了一个高潮。此时,赵宋王朝的统治已日益巩固,社会经济也比较繁荣。他大量兴建宫观,还制订节日、敬神乐章,对整理道书经籍尤为着意,《宝文统录》和《大宋天宫宝藏》等道藏就是此一时期的重要成果。

唐安史之乱后,两京所藏道书多遭焚毁,后经唐肃宗、唐代宗诏令搜集整理,道士申甫、杜光庭、暨齐物海内搜罗,亦十无二三,多所流失。宋朝开国后,在宋太宗时期搜寻道书七千余卷,命散骑常侍徐铉、知制诰王禹偁等校,删除重复,得唐《道藏》3737卷。至大中祥符初,宋真宗命宰臣王钦若总领,选道士朱益谦、冯德之等修校,在徐铉、王禹偁的基础上增补622卷,计洞真部620卷,洞玄部1013卷,洞神部172卷,太玄部1407卷,太平部192卷,太清部576卷,正一部379卷,共4359卷。撰为篇目进上,赐名《宝文统录》。

《宝文统录》编纂完成后,宋真宗还不满意,于大中祥符五年(1012)任命张君房为著作佐郎,专事修藏。张君房依原有道书和从苏州、越州、台州等地所征集的经本,与道士们按三洞纲条、四部录略,商校异同,编为一藏,起《千字文》"天"字为函目,终于"宫"字,题名《大宋天宫宝藏》。此书于今已经佚失。

张君房编成《大宋天宫宝藏》后,又择其精要万余条,辑成《云笈七签》一书。道教称藏书之容器曰"云笈",分道书为"三洞四辅"七部,故张君房在该书的序言中有"掇云笈七部之英,略宝蕴诸子之奥"等语,因名《云笈七签》,共122卷,约170万字。此书具有系统、全面和简明等优点,故而人称"小道藏",是了解和研究道教必备的资料。

3.明代道教和《正统道藏》与《续道藏》

明朝统治者对道教也是采取了尊崇的态度,管理上的措施也较为完善。明太祖朱元璋在成就帝业的过程中,身边不乏像道士周颠、铁冠道人张中、方士刘伯温这样的道门之士,为其出谋划策。建国后,朱元璋一方面推尊道教,但同时又加强了对道教的管理和限制。他在礼部下设置道录司作为管理道教的最高机构,并设立了度牒制度。所谓度牒,是国家颁发给僧、道的身份凭证,僧、道持有它,才算是正式出家的僧人和道士,可以享受免除徭役、赋税的特权。获取度牒要先获得系籍成为道童,在成为道童之后,还需要随师学习经典数年才能获得考试资格,可以赴京参加考试,考不过则"杖为民";即便考试通过,也要受各个地区的僧、道总额的限制。这样事实上是强化了政府对道教的控制。朱元璋非常重视《道德经》,将其作为治世之术,还亲自为之作注。他还撰有《释道论》《三教论》《问佛仙》《鬼神有无论》等文章,阐明了他崇道的理论根据。

明成祖朱棣时的道教政策基本上是对洪武朝的延续,道士度牒考试制度在此时也得到进一步的完善。朱棣由于起兵"靖难"时曾借助真武大帝显灵的神话鼓舞士气,因此他上台后立即在全国掀起崇奉"北极真武玄天上帝"的热潮。他不仅多次下诏褒奖真武大帝,还下令全国各地大修真武庙,除南京原有真武庙外,又在北京皇城北面建成规模弘大的真武庙。对传说真武大帝"得道显化去处",即湖北武当山,明成祖更是格外重视。自永乐十年(1412)起,他命隆平侯张信、驸马都尉沐昕等人督率地方官员及三十万军民大举修造武当道教宫观,历时十余年,耗费钱粮难以计数,最终建成拥有八宫二观、三十六庵堂、七十二岩庙、三十九桥、十二亭的庞大道教建筑群。明成祖对真武大帝的礼奉成为明朝的定制,此后的明代皇帝经常派遣使者到武当山诣香上供。

明成祖即位之初,即令第四十三代天师张宇初重编《道藏》。张宇初去世后,又令第四十四代天师张宇清继续主持《道藏》的编纂工作。但刊刻尚未完成,朱棣就去世了。此后历经仁宗、宣宗两代,编纂、刊印的工作一直陷于停顿状态。直到明英宗时才继承朱棣的遗愿,于正统九年（1444）命道士邵以正在原来的基础上继续编纂工作,于次年校定付印,因名《正统道藏》,共5305卷,480函,按三洞、四辅、十二类分类,采用《千字文》为函目,自"天"字至"英"字,每函各为若干卷,颁之天下,藏于各名山道观。

万历三十五年（1607）,明神宗命第五十代天师张国祥续补《道藏》,仍以《千字文》为函次,自"杜"字号至"缨"字号,共32函,180卷,补收道书57种,名为《万历续道藏》。该书增补完成后与《正统道藏》合印,共5385卷,512函,收入约1500种道书。这是我国唯一现存的官修道藏,是研究道教不可或缺的资料。

四、道教新兴宗派的形成与发展

1.张伯端与南宗的崛起

在道教的派别当中,有所谓南宗北宗之分。明初大学者宋濂《翰苑别集·送许从善学道还闽南序》称:"宋金以来,说者滋炽,南北分为二宗:南则天台张用成,其学先命而后性;北则咸阳王中孚,其学先性而后命。"宋濂提到的王中孚,即全真道的开创者王重阳,陕西咸阳人,后传道于山东,因其主要活动于北方,是以被称为北宗。张用成即张伯端,浙江天台人,字平叔,号紫阳。他总结和完成了炼养内丹的理论与方法,所创作的《悟真篇》与东汉魏伯阳所著的《参同契》同被尊为道教的"丹经之祖",他也被尊为道教清修派丹法南宗的开山之祖。

张伯端自幼便博览群书,涉猎诸种方术。其于《悟真篇》序中称:

"仆幼亲善道,涉猎三教经书,以至刑法、书算、医卜、战陈、天文、地理、吉凶、生死之术,靡不留心详究。"成年后,曾做过数十年幕僚,一日忽悟"一家温暖百家怨,半世功名半世愆",遂看破功名,纵火烧毁案上文书,因此获罪而被发配岭南。由于官场无望,遂浪迹山水,求仙访道,于成都遇异人,授其"金丹药物火候之诀",遂潜心修炼,渐悟丹道之本。后返台州传道授徒,但因所传非人而屡遭祸患,遂萌发著书之意,以所得萃成秘诀81首,号《悟真篇》,叙丹药之本末,系统论述其内丹炼养的思想,对后世有很大影响。

张伯端的学说以修炼内丹为修仙途径,而以"性命双修"为其内炼大旨。内丹炼养之道,渊源于先秦以来黄老道家的精气、行气、守一等术,是此类方术在实践和宗教化过程中的一种产物。所谓内丹,是指用人体内的精、气、神等为原料,以人体为鼎炉,以神为火,通过内炼,使精气凝聚不散,结成金丹。炼养的过程可以分成四个阶段:筑基、炼精化气、炼气化神、炼神还虚。这种对形气的炼养可以归结为"修命"的过程,另外还要辅之以"修性","先以神仙命脉诱其修炼,次以诸佛妙用广其神通,终以真如觉性遣其幻妄,而归于究竟空寂之本源"(《禅宗诗偈序》)。这也就是说,要先练形体,再修心性,在观念上实现超脱。张伯端非常推崇佛教禅宗的"明心见性"之说,认为此说对于内丹炼养极有助益,但主张当以修命为基。《历世真仙体道通鉴》中记载有一个颇有些传奇色彩的故事,倒是挺耐人寻味:

尝有一僧,修戒定慧,自以为得最上乘禅旨,能入定出神,数百里间,顷刻辄到。一日,与紫阳相遇,雅志契合。紫阳曰:"禅师今日能与同游远方乎?"僧曰:"可也。"紫阳曰:"唯命是听。"僧曰:"愿同往扬州观琼花。"紫阳曰:"诺。"于是,紫阳与僧处一净室,相对瞑目跌坐,皆出神游。紫阳才至其地,僧已先至。绕花三匝,紫阳曰:"今日与禅师至此,各折一花为记。"僧与紫阳各折一花归。少顷,紫阳与僧欠伸而觉。紫阳云:"禅师琼花何在?"僧袖手皆空。紫阳于手中拈出琼花,与僧笑玩,紫阳曰:"今世人学禅学仙,如吾二人者,亦间见矣。"紫阳遂与僧为莫逆之交。后弟子问紫阳曰:"彼禅师者,与吾师同此神游,何以有折花之异?"紫阳曰:"我金丹大道,性命兼修,是故聚则成形,散则成气,所至之地,真神见形,谓之阳神。彼之所修,欲速见功,不复修命,直修性宗,故所至之地,人见无复形影,谓之阴神。"弟子曰:"唯。"

这个故事大致是说,修命是在实体层面的修为,能介入现实;而修性则只是在观念层面的修为,虽则可以改变精神状态,但不能影响现实。

张伯端在世时,并没有亲自创建学派或教派。其学辗转授受,至白玉蟾时,始正式创建了内丹派南宗道教社团,称为"金丹南宗",也称"紫阳派"。张伯端、石泰、薛道光、陈楠、白玉蟾,被尊为"南宗五祖"。经过白玉蟾及其门人弟子的不断发展,南宗成为与北宗全真道双峰并峙的重要道教宗派。元代以后,南北两宗渐合而为一。

2. 王重阳与全真道的创立

在金庸先生的武侠小说《射雕英雄传》中,塑造了五位超一流的武林高手:东邪黄药师、西毒欧阳锋、南帝段智兴、北丐洪七公、中神通王重阳。五人华山比武论剑,约定武功最高者可得到武林中人人皆想得到的武学秘笈《九阴真经》。五人在华山顶上斗了七天七夜,最终王重阳击败四人获胜。这位在《射雕英雄传》中武功天下第一的王重阳,事实上在历史上确有其人,而且的确是全真道(又名全真教)的创始人,并教出了马钰、谭处端、刘处玄、邱处机、王处一、郝大通和孙不二等著名弟子,即人们常说的"全真七子"。七子遵从师命,各立门户,分创遇仙、南无、随山、龙门、嵛山、华山、清静等全真七大流派,徒众遍布全国,成为后世影响最大的道教宗派。

王重阳原名中孚,字允卿,陕西咸阳人。入道后改名王嚞,字知明,道号重阳子,故称王重阳。他出生于大户人家,自幼饱读诗书,习练武艺,可偏偏生在一个民族灾难深重的时代。宋宣和七年(1125),金灭北宋,北方地区基本上划入金的统治。王重阳曾参加过金人举行的科举考试,中过武举状元,但无意仕进,而飘然有出尘之志。后遇异人授以内炼真诀,始悟道出家。他隐居于终南山清修,掘地为穴,自称其居所为"活死人墓"。数年后功成出关,遂广收门徒,布教传道。他善于随机施教,尤长于以诗词歌曲论道传法,一时声誉甚隆。后又云游四方,在河南、山东等地传道,先后收弟子七人,使全真道的组织格局初步建立,也为全真道的兴盛发展奠定了基础。

王重阳力主儒、释、道三教平等,三教合一,声称"儒门释户道相通,三教从来一祖风"(《重阳全真集》),并以《道德经》《般若波罗蜜多心经》《孝经》为全真道徒必修经典。全真道的教义集中体现于"全真"二字。"全真"主要指保全天性、真性,本即道家的基本主张;也有人将其解释为使个人内修的"真功"与济世利人的"真行"兼备而两全,这倒更符合全真道的立教宗旨。全真道不尚符箓,不去炼丹,也不信白日飞升、肉体不死,而是以修炼内丹为成仙证道的手段。在教制教规上,全真道规定道士须出家住道观,并制定了严格的清规戒律,督促道众严格遵守。

其修炼法下手功夫重在"清静"二字,其修持大略以识心见性,除情去欲,忍耻含垢,苦己利人为宗。全真道亦主性命双修,认为"性者神也,命者气也","气神相结,谓之神仙"(《重阳教化集》卷三第十二)。但就二者关系来说,却先性而后命,以性为主导。王重阳《金关玉锁诀》称:"唯一灵是真,肉身四大是假。"又《立教十五论》云:"欲永不死而离凡世者,大愚不达道理也。"这也就意味着他事实上抛弃了传统道教追求肉身不死的信仰,而认为只要做好内省功夫,便能顿见真性,超出生死。

王重阳去世后,在全真七子的努力下,全真道的影响日益扩大。尤其是长春子邱处机在做掌教时,以七十多岁的高龄,率十八随行弟子,北去大漠亲见成吉思汗,说服成吉思汗罢兵止杀,并获得统治者的支持,使得全真道更加风行天下。元代中后期,全真道与南宗实现合并,后来又合并了真大道、楼观道等道教宗派,成为和正一道并驾齐驱的两大道教宗派之一,至今仍然有着广泛的影响。

3.张三丰与武当派的兴起

在金庸的小说《射雕英雄传》里,王重阳是第一高手;而在金庸的另一本小说《倚天屠龙记》中,天下第一高手则首推武当派开山祖师张三丰。其为人正气凛然,宽和从容,悟性超然,是当世无出其右的武学奇才、一代宗师。在金庸笔下,张三丰是南宋末年人,生于淳祐七年(1247),在元亡时他已一百多岁。不过在真实的历史上,张三丰的生卒年代却未有定论。明末大儒黄宗羲在《王征南墓志铭》中提到,"有所谓内家者,以静制动,犯者应手即仆,故别少林为外家,盖起于宋之张三峰。三峰为武当丹士。徽宗召之,道梗不得进。夜梦玄帝授之拳法。厥明,以单丁杀贼百余。"其中提到几点信息:此"张三峰"为内家拳创立者,且为武当丹士,武功极高,一人能敌百人。关键是,里面提到张三峰为徽宗时人。徽宗的在位时间为公元1100—1126年,也就是说,此张三峰的主要活动时间是在北宋。

不过,在《明史·列传第一百八十七·方伎》中,有张三丰的一个较正式的小传,文不长,我们不妨全文照录:

张三丰,辽东懿州人,名全一,一名君宝,三丰其号也。以其不饰边幅,又号张邋遢。颀而伟,龟形鹤背,大耳圆目,须髯如戟。寒暑惟一衲一蓑,所啖,升斗辄尽,或数日一食,或数月不食。书经目不忘,游处无恒,或云能一日千里。善嬉谐,旁若无人。尝游武当诸岩壑,语人曰:"此山异日必大兴。"时五龙、南岩、紫霄俱毁于兵,三丰与其徒去荆榛,辟瓦砾,创草庐居之,已而舍去。太祖故闻其名,洪武二十四年遣使觅之,不得。后居宝鸡之金台观。一日自言当死,留颂而逝,县人共棺殓之。及葬,闻棺内有声,启视则复活。乃游四川,见蜀献王。复入武当,历襄、汉,踪迹益奇幻。永乐中,成祖遣给事中胡濙偕内侍朱祥赍玺书香币往访,遍历荒徼,积数年不遇。乃命工部侍郎郭琎、隆平侯张信等,督丁夫三十余万人,大营武当宫观,费以百万计。既成,赐名太和太岳山,设官铸印以守,竟符三丰言。或言三丰金时人,元初与刘秉忠同师,后学道于鹿邑之太清宫,然皆不可考。天顺三年,英宗赐诰,赠为通微显化真人,终莫测其存亡也。

此传对张三丰究竟是什么时候的人也没有确论,只是提到其人"踪迹秘幻,莫可测识"。不过其提供的主要信息与《王征南墓志铭》中基本一致，只是如果张三丰要是徽宗时的那个张三峰，到朱元璋时至少也二百多岁了。

当然，不管张三丰究竟是何人或者是否确有其人，但武当派却从某种意义上由他而立。明成祖朱棣、明英宗朱祁镇皆崇奉"真武大帝"之神，在武当山大修宫观，并赐予张三丰以各种封号，使张三丰声名大振，武当山和武当派也由此而兴，并不断发展壮大。

武当派以"真武大帝"（亦称"玄武大帝"）为主神，主张三教合一，以"道"为三教共同之源。该道派也重视内丹丹法，主张性命双修，以修心炼性为首，认为"未炼还丹先炼性，未修大药且修心，心修自然丹信至，性清自然药材生"（《张三丰先生全集·玄要篇》）。武当派较为重视动功的修练，取道家以静制动的理念，融合道教内丹炼养功法，以修身养性、修性养命为目的，形成了动静结合、虚实相间、刚柔并济、圆转走化的武当拳法，对后来的诸多内家拳种皆有影响。

时至今日，武当山宫观犹在，道风犹盛；而张三丰也以其神龙见首不见尾的事迹，成为人们想象中得道者的代表性人物，不断启诱着人们的慕道之心。

第四章　道可道，非常道——道家对自然规律的认知

一、道法自然

1.万物之宗：万物从哪里来

所有的长江大河，都有源有本。从潺源滴沥到涓涓细流，从幽泉出山，到汇纳支流，以成风发水涌之势；直至腾沸澎湃，终有汪洋浩瀚不可测度之观，皆历历可溯，自有脉络。我们不妨就从这"源头"一词说起。

我们每天吃五谷杂粮。大米、小麦是植株成熟的种子，一部分被我们吃掉，一部分被继续种在土地里，以长出新的植株。种子来自植株，植株来自种子，向前追溯去，宛然成线，却一时找不到起点。

我们身边的木制家具，从桌椅板凳到床和衣柜，是用了某些大树的身躯。那些大树也许来自广袤的森林，它们是更老的树木的子女——也许只是从一颗种子或是一个侧枝，吸收天地的精华，成就参天之势。

我们常用的所有工具物件，从电脑、打印机、钢笔、锅碗瓢盆到手表、眼镜、茶杯、暖瓶、冰箱、电视等等，也都有它们的起源，是人们使用种种材料制作而成，自非凭空而出。而那些材料，也各有自身的来源。

各种动物，包括人类自身，也有自己的源起。两百万年前我们都不存在，身边的人、物可能也不存在，或是不同于如今的面貌。我们都是被

生成的，当然，又并非是凭空生成。如果逆推到两百亿年前呢？很多物种，甚至连地球还没有形成。但即便那时，也不可能任何东西都不存在，否则就无法解释此后事物的产生。当然，我们很难了解那时究竟存在什么东西，因此也无以名之，或者不妨称之为"无名"。

"无名"是老子提出的概念。老子在《道德经》的第一章就说："无名天地之始；有名万物之母。"此句在断句上有着不同理解。一种是断为"无，名天地之始；有，名万物之母"，再就是断为"无名，天地之始；有名，万物之母"。断法虽有不同，但意思其实可以打通。我们不妨先从句意的可能性入手做一些引申。前面提到，万物皆由此前之物生成转化而来，若一直上溯万物之所因，追至不能向前处，即所谓"始"。但万物有这样一个绝对的起点吗？如果有这样一个绝对起点，也就意味着在此之前什么都没有，即纯粹的至无，这就产生了"无中何以生有"的尴尬。当然，追至不能向前处的所得也可能是一种无始无终的存在，比如所谓"本原"，它是"先天地生"的："有先天地生者物耶？物物者非物。物出不得先物也，犹其有物也。犹其有物也，无已。"（《庄子·知北游》）在庄子看来，如果有这么一种先天地而生的存在，那它一定不是某种具体的存在，因此就无以名之，而它又是此后万物之所由生的根据和源头，也即"物物者"。它似有而非物，无任何规定性，因而无名；及其有形有名，则为万物。而从无名到有名的路径，即是"道"。

我们在开篇就已经讲过这个"道"字。说白了，道也就是能使事物由此之彼的路径。运动便意味着变化，万物化生也会沿着自身特定的轨迹，因此亦各有其道。因此对于"万物从哪里来"这个问题，不妨可以回答说："万物沿着各自的道来。"

关于万物的由来，《列子·汤问》中有段有趣的对话，倒是可以很好地总结这个问题：

> 殷汤问于夏革曰："古初有物乎？"夏革曰："古初无物，今恶得物？后之人将谓今之无物，可乎？"殷汤曰："然则物无先后乎？"夏革曰："物之终始，初无极已。始或为终，终或为始，恶知其纪？然自物之外，自事之先，朕所不知也。"

这段问答的大意是，事物的产生和变化是无始无终的；人的经验有穷，而宇宙的发展则无穷无尽。因此对于事物的生成变化之道，我们也许不必说得太多。当然，也不必要设定什么"造物者"来解释万物生成。魏晋时期的郭象在《庄子注》里就提出这样一个问题：

> 夫造物者，有耶无耶？无也？则胡能造物哉？有也？则不足以物众形。故明众形之自物而后始可与言造物耳。

造物主如果是无，则怎么能够造物？如果是特定的有，则又怎么能够生成如此丰富多彩、各自不同的事物？因此万物本没有什么一致的本原，而各是其特定条件下的产物。可以说是万物自生、自为，而又彼此相因、依存，沿着各自的道而来。

2. 道常无为：自然而然

道虽然"渊兮似万物之宗"，但其实只是大开生化之门，任由万物自生自化，所谓"道法自然"。自然就是自己而然，它没有任何固定的模式，不过是万物皆按其各自的本性生长而已——无持无待，不存在强加的任何因素,可事就这样成了。老子说:"道常无为而无不为。侯王若能守之,万物将自化。"(《道德经·第三十七章》)意思是说,道通常都是不去刻意做什么,但事情却因为顺应自然去做而无不成功。王侯若能遵守这个原则,万物就会自然生长。

人类往往容易高估自己的力量,且滥加施用;但若不得自然之便,就会事倍功半,甚至徒劳无功。庄子笔下的许由就曾说:"日月出矣,而爝火不息,其于光也,不亦难乎!时雨降矣,而犹浸灌,其于泽也,不亦劳乎!"(《庄子·逍遥游》)就是说,太阳出来了,你还打着火把;下着大雨,你还去浇地,不是太傻了嘛!当然,这么明显的错误人们倒不太容易犯,但自作聪明的刻意却也屡见不鲜。比如我上学的时候,学校教学楼前有一块很好的草坪,我们从宿舍到教室,一般来说总要绕过这块草坪,走处于两条直角边的修得宽宽平平的柏油马路。但草坪中却会不断被踩出一条斜穿的小路。踩了又修,修了又踩。后来学校实在不耐烦了,索性在中间修了一条小径,问题才得以解决。这个现象说明什么问题?从数学上我们都学过一个定律——三角形任意两边之和大于第三边,所以那个包含在草坪中的"斜边"是我们能够发现的最近的道路,所以它就是自然同时也是必然的选择。而"道"就像是草坪中的那条路径一样,它也是自然而然地向我们呈现的。而人的行为在老子看来也应该顺应自然而为,因为对"道"的背离就像是走弯路一样,会导致一些负面后果,比如老子对当时的政治抨击道:"民之饥,以其上食税之多,是以饥。民之难治,以其上之有为,是以难治。"(《道德经·第七十五章》)人们在提到治理天下时总觉得需要一个强有力的政府,以雄厚的财力去推行各种政策来实现这一点。但政府的财力正来自向百姓征缴的税收,可这样一来正好又导致了百姓的穷困,政府的行为其实反而成了百姓不得安宁的原因。老子说:"天下神器,不可为也。为者败之,执者失之。"(《道德经·第二十六章》)在道家看来,理想的政治模式是无为而治,无为也即"以辅万物之自然"。《庄子·在宥》:"闻在宥天下,不闻治天下也。""在宥"是指任物自在,宽松处之,不施加过多的干预。《说苑·政理》记载杨朱的议论说,治天下其实很简单,就像童子牧羊,羊群"欲东而东,欲西而西",享有充分的自由。作为管理者的"童子"只是"荷杖随之",并不乱加干涉。要是非得牵制每一只羊跟着自己的步调走,反会疲而无功。

然而,如果要一切听任自然,人自身难道不需要任何作为和努力吗?非也非也,人这种存在很特别,其实骨子里就带着要做点什么的冲动。庄子不是说了嘛:"牛马四足,是谓天;落马首,穿牛鼻,是谓人。"(《庄子·秋水》)牛马都有四只脚,牛鼻子上本没有环,马本来没有笼头,这都是天然的;人给牛鼻穿上环,给马套上笼头,最终役使它们为自身服务,这就是人为。但为什么是人而不是别的动物这样做了呢?所以,从某种意义上说,按照人的自然本性率性而为,反倒是自然而然的,刻意压制人的创造性反而不自然了。元代道士王惟一在《明道篇》中有诗云:"自然之道本无为,若执无为便有为。"因此无为并不是消极不为,而是要反对刻意有为、妄为。一定要控制自己做事的本能反而不是无为,而是有为了。就像牛马的天性里也许本来具有可役使的可能性,发现它并利用它,其实并不能说就超出了自然的范围。

但这样一来就产生了一个问题:如何区分这二者呢?司马迁就曾经提出一个说法,叫"究天人之际",这个分际往往并不那么明确,因此就成为比较高明的话题。魏正始年间,何晏见到天才的王弼,曾叹道:"若斯人,可与论天人之际矣!"(《世说新语·文学》)北宋学者邵雍更是说"学不际天人,不足以谓之学"(《皇极经世·观物外篇》),可见这问题的复杂程度和重要性。当然，你也大可不必想那么多，只消把握一个"顺"字，也便大体得几分自然之意。朱熹《观书有感其二》一诗即见其妙处：

> 昨夜江边春水生，
> 蒙艟巨舰一毛轻。
> 向来枉费推移力，
> 此日中流自在行。

3.道无不理：道是万物行走的路径

战国思想家韩非曾经对老子的思想做过发挥，《韩非子·解老》说："万物各异理，而道尽稽万物之理。""理"，可以理解为条理、次序、层次、规律等。具体事物在属性、存在方式、运动发展的规律等方面都存在着各自的差异，但事物无论怎么展开，都会沿着一定的"道"而来。因此，"道"这个概念可以总括万物之理，也可以将其理解为万物的共同规律。事物走向了各自的轨道，就显得条理顺畅，所以可说"有道则理"。后来"道理"一词也成为常用的概念，用来表达规矩、情理、理由、办法、规律等多种意义。思想和语言表达如果明晰条畅，就会被称为"有道理"。而"道"在我们的语言中本身就有"言说"之义，这也许是因为，道的抽象化理解必须借助于语言方能呈示出来，或者可以说，言说是思想行走的道路，而观念的明晰则被称之为"知道"。

还有个常用词是"道德"，《老子》一书又被称为《道德经》，就是因为"道"和"德"是这本书里最重要的两个范畴。如果将"道"理解为宇宙万物总的法则，那么万物各自禀承道的一部分以成其为它自身的品性，就是它的"德"。"德"者，得也。比如能进行光合作用，不断生长是植物之为植物的"道德";能够写字是笔的"道德",按照"人道"行为则是人的道德。顺便说一下"行为"这个词,"行"的本义是走,做名词也有道路的意思——行走当然不能脱离道路。行走是人的基本运动方式,而人的所有活动则可以统称为行为。既然行走不可脱离道路,那么行为亦必须遵循道理。于是,"道"的具体和抽象的双重意蕴与"行"的双重内涵就实现了自然的对应。于是,各行各业都有自己的道儿,甚至"盗亦有道"——正是"道",为各种不同的对象确立了自身存在的依据,提示着它是什么、当何为。

无论是道理,还是道德,都需要以人的智识才能够理解。因此《管子·君臣上》称:"夫道者虚设,其人在则通,其人亡则塞者也,非兹是无以理人。"道虽然是客观的、自在的,但只有人才能以其会道之心渐渐打通自身与大道的隔阂,才能通向道;道也才能下贯于人身,从而理人。这是一个通过修道从而得道的过程。由于道的普遍性,一个人如果能够建立与道之间的通途,则可以无所不达,是为"有道之士"。

二、有无相生

1.有无之间:从有到无、从无到有的路径即是道

说到"有无",得先从这一对观念的形成讲起。对于复杂的概念,最基本的把握方法就是还原到它最原初的生成阶段,从最原始的经验层面切入,然后再渐次引申,再现其意义发展的过程。这样就为理解其抽象复杂的意蕴提供了一个框架和方向。

"有"这个字,从肉,从又。"又"古文中指手,和肉联合起来看也就是"以手持肉""手持实体"之意。一块肉实实在在抓在手上,眼得见其

形,鼻得嗅其香,它的存在从而得到充分的确认,是谓"有"。如果突然被一条狗抢走,那就"没有"或者"无"——这大概是人们对有无的最初认知。

当然,人除了感官外,还有思维。后来人们认识到,看不见摸不着并不一定必然是"无",可能是以另一种方式存在的"有"。比如雨后某个大坑蓄满了雨水,过上一阵子里面竟然有了鱼。这个从无到有的过程可以称为"生成"。不过虽然说是"从无到有",但这个"无"一定不是完完全全什么都没有,只不过是你不曾识到的存在罢了。就鱼本身来说,此前是确乎没有的,因此可以说"无";但想必存在生成鱼的物质基础,它当然是"有"。从某种意义上说,有无的范围就是意识的范围,当你意识到它的存在(或者潜在),你会说它有;而当你未曾意识到它的存在,你可能会说它无。老子有句话,叫"天下万物生于有,有生于无",事物的生成变化都处于因果嬗递的过程中,有有相续;但任何一有皆从无至有——当然这个"无"也可以理解成另一种有。因此,从存在本身而论,"有"一直有而未曾无,便如佛学讲的"不增不减";但从经验层面上讲,由无到有、由有到无又是一个常态的变化过程,人的生命亦是如此。不同的事物皆有其从有到无、从无到有的路径,那也便是它们各自的道。从一定意义上说,有与无便如阴阳、静动一般,既相互对立统一又能相互依存转化。事物的有无是在时间流程中相互转化的,有可以转化成无,无也可以转化成有。任何事物在变化过程中都是从无到有,再从有到无,是有与无相继替代的过程。

有无的关系还可以从概念层面讲。每一个概念都有一定的外延和内涵。概念的外延就是适合这个概念的一切对象范围,而概念的内涵就是这个概念所反映的对象的本质属性的总和。在传统逻辑里,减少一个词项的内涵以扩大它的外延,从而过渡到外延较广的词项,就叫作概括,如把"人"扩大到"生物";而增加一个词项的内涵以缩小它的外延,从而过渡到外延较窄的词项,叫作限制,如把"动物"缩小到"人"。"有"这个概念就是把内涵减少到极致从而将其外延扩大到极致的结果,从这种意义上说,有就是无(内涵减少到极致,甚至达到无规定性),因此老子说"此两者同出而异名"。在宇宙本原问题上,庄子说的"物物者非物"就是在最大限度地减少"物物者"的规定性;古希腊哲学家阿那克西曼德把本原称为"无定",亦通此义。老子不肯给"道"以具体的名字,只是"强字之曰道",大概也是为避免这种限定。一切规定即是否定,说一事物是甲,便往往不得是乙。本原要通向万物之生,因此不能有太过具体的规定或者限定,只说"有"便罢了。

2. 知白守黑:互限与互显

中国现代著名书法家林散之,自幼便临池不缀,打下了极好的书法功底。后求教于书画大家黄宾虹先生。黄曾与其有言曰:"古人重实处,尤重虚处,重黑处,尤重白处;所谓知白守黑,计白当黑。此理最微,君宜领会。君之书法,实处多、虚处少,黑处见力量,白处欠功夫。"林闻言恍然有悟,遂取所藏古今名碑佳帖,细心潜玩,都于黑处沉着,白处虚灵,黑白错综,以成其美。林散之感慨地说,经此一番,"始信黄先生之言,不吾欺也"①。由这个例子可见"知白守黑"实是书画艺术形式构成的关键。清代著名书家邓石如即讲过,"字画疏处可以走马,密处不使透风。常计白以当黑,奇趣乃出"(《艺舟双辑·述书上》)。其实,这个在书画界影响深远的审美原则正是由老子提出的。他在《道德经·第十一章》中说:

---

① 林散之:《林散之书法选集》,南京:江苏美术出版社,1985年,第1页。

三十辐共一毂,当其无,有车之用;埏埴以为器,当其无,有器之用;凿户牖以为室,当其无,有室之用。故有之以为利,无之以为用。

这里讲的是有无的关系问题。一般人只会看到有、看到实,而忽略了无和虚的妙处。车轮中间的"毂"即插轴的部分,正是因为是空的,所以才可用来放车轴;罐子或杯子中间是空的,所以才可用来盛东西;房子中间是空的,所以才可用来住人。这几处用到的都恰恰是"无",而不是"有"。当然,若无有,无也不得其用。就像一张白纸,若不去落墨书写,也不会呈现精彩的书法。所以有无是相需为用的,不可缺少任何一个方面。若只滞于一方,则极易拘而不通,而不能进入更高的层次。

从这种意义上讲,一切存在的东西,都可以见"有";但我们可以沿着这种思路去尝试把握其未显的部分。所以老子讲:"知其雄,守其雌,为天下溪……知其白,守其黑,为天下式。"(《道德经·第二十八章》)也就是说,深知什么是雄强,却安守雌柔的地位,肯于处下而做天下的溪涧;深知什么是明亮,却安于暗昧的地位,以此确立一种新的选择模式。这种观念中含有的是一种逆向回还的融通思维,后来庄子将其概括为"道未始有封"(《庄子·齐物论》)这一命题。"封"就是封域、界限,有无之间的道是开放的、没有界限的。而世人却往往要据于成见,划分诸多界限,造成彼此对立、各据一隅的局面,致使"道隐于小成"。只有打通有无,以道通之,才能消泯成心和偏执,在整体平衡中实现对事物的本真把握。

3. 为学日益,为道日损:对经验和感性的超越

有和无还可以从境界形态上来讲。老子曾经对"为学"和"为道"做过一个区分,他说:"为学日益,为道日损。"(《道德经·第四十八章》)"日益"是有了再有,"日损"则是无了再无;一者是作加法,一者是做

减法。"为学"获取的是知识。知识源于概念,即"名",比如"桌子""花草""善""恶"都是名,有了名,知识的传授才得以可能。比如儿童成长的过程中往往会问这是什么那是什么,在了解这些名所指称的内涵以及它们彼此间关系的过程中不断获得更多的知识。然而就像老子说的,"明道若昧,进道若退,夷道若纇"(《道德经·第四十一章》),世界的本质与其呈现往往并不一致甚至相反;而知识却总是凝固化的,仅仅借助于习得的固定知识并不能帮助我们圆而神地理解这个变化不息的世界。而且,当人们占有知识时往往自以为拥有了更大的力量,并能以此改变自然;但知识总是特定有效的,很容易陷于一隅而使我们的整体视野受到遮蔽。这样,表面看来人们达到了某种目的,而事实上往往会带来无可挽回的损失。因此老子强调,在人们不断"为学"来增加自己知识的同时,也要同时不断进行对知识的反思和检讨,"学不学,复众人之所过,以辅万物之自然,而不敢为"(《道德经·第六十四章》),这就是"为道"。

为道是将"思"从繁复的名相中超离出来,从具体的情境和当下超脱出来,从经验和感性视野中超脱出来,进而洞察万化之根源、宇宙之本体。《道德经》中有句话很有名,叫"道可道,非常道。名可名,非常名"。"常",有恒常、绝对、普遍的意味,有人解之为"尚",即至高无上之义,因其往往超越经验,因而不能以特定之言词表述它,即所谓"不可名"。即便是"道"这个名,也是知其不可而为之的"强名"(强字之曰道)。单从这一句话中,我们便可读到老子超越的哲学意识。哲学家往往未必不重视经验的重要性,但几乎所有的大哲学家同时都会提醒人们不要仅仅囿于自身的经验视野,而当有一超越之思。如柏拉图就让人不要只迷恋于感性世界而上追理念世界,康德也提醒人们在现象世界背后有物自体之存在。老子所提出的"非常道"与"常道"、"非常名"与"常名"之分,亦明确将人的认识对象划分为两个界域,一者是经验的而靠实证,一者是超验的而需体悟。普通人的关注往往在于前者,而哲学家则往往试图引人朝向后者,使人试图从无限、永恒、超越的层面反观自己的人生,由此而从庸碌、烦琐、盲目的世俗生活中超拔出来,实现精神的畅达与逍遥。

三、万物并作,吾以观复

1. 相反相成,物极必反

道家之谓道家,首先在于对自然发展规律,或者说对万物运化之道的深刻洞察。早在春秋时期,老子即以其丰富的人生阅历、敏锐的观察能力和高超的思辨力,发现了一个宇宙中普遍存在的规律:万事万物都存在着一个对立面,两者包含着矛盾,但又离不开对方,并以此构成一种阴阳平衡的结构。他对自然和人类社会的诸多现象的认识,几乎无一不是从这个角度来说明的:自然现象有大小、多少、高下、远近、正反、同异、重轻、静躁、白黑、寒热、壮老、雌雄、母子,等等;属于社会现象的有美丑、善恶、强弱、利害、生死、荣辱、愚智、吉凶、兴废、进退、主客、是非、巧拙、公私、难易、真伪、怨德、贵贱、贫富,等等。这些对立范畴,广泛涉及到物理、生物、经济、政治、军事、外交、道德、修身、审美、语言等方面,标志着老子认识的深度和广度。

从世界的生成来看,老子把阴阳的相互作用,看作是事物运动发展变化的根本原因。他讲:"道生一,一生二,二生三,三生万物。万物负阴而抱阳,冲气以为和。"(《道德经·第四十二章》)这里的"一"可以理解为宇宙整体。它包含着两个相互排斥的对立面,可以名之为"阴阳"。二者一柔一刚,存在着上升与下降、分散与凝聚的矛盾,相互冲突、斗争;

然后凝结、调和达到矛盾的统一，故曰"二生三"。一物如此，万物亦然。因此，老子概括出"反者道之动"的命题，认识到事物在发展变化中往往会走向它的反面，"祸兮，福之所倚；福兮，祸之所伏"（《道德经·第五十八章》），坏事可以引发出好的结果，好事也可以引发出坏的结果。《庄子·天地》中就有华封三祝的故事，讲唐尧在华州巡游，守卫华州封疆的人对他说："圣人啊！请让我为您祝福。希望您长寿、富有、多子多孙。"唐尧回答说："这些我都不想要啊！多个孩子就多操一份心，会使人增加畏惧；富有就会使人招惹更多的麻烦；长寿就会使人蒙受更多的屈辱，这三件事都不是可以用来滋长德行的，因此我会拒绝你的祝福。"这种似乎不通情理的逆向思维正是道家所惯用的，他们看到的往往是人们看不到的那个维度。而在动态平衡中，人们执有的通常标准往往会丧失绝对的意义。老子说："天下皆知美之为美，斯恶已；皆知善之为善，斯不善已。"（《道德经·第二章》）比如人们都追求美，并建立了许多美的标准。但当人们为美而美的时候，却往往走向美的反面。在历史上曾有以小脚为美，便产生缠足的陋习；现在又有以锥子脸、双眼皮为美，便有了各种整容术，其实给人们的健康构成许多负面的隐患。那样刻意造就的"美"其实也算不上真美，甚至有时可以说是丑。善也是这样，刻意求善，为了做好事而做好事，那做的好事就是变了味的。老子还说："跂者不立，跨者不行，自见者不明，自是者不彰，自伐者无功，自矜者不长。"（《道德经·第二十四章》）你踮起脚跟想要站得高，反而会站立不住；步子迈得太大想要走得更快，反而走不成了。经常自我表现、自我夸耀的人，反而不容易获得别人的认可和尊重。你听听这样的话，会觉得很有道理。平时在生活中能够讲出这种话的人，很可能就是受了道家的启发。

2.消息盈虚,终则有始

老子发现,宇宙间的事物尽在往复变化之中,事物的发展往往是从一端走向另一端,再从另一端走回起点。他说:"夫物芸芸,各归其根。归根曰静,静曰复命。"(《道德经·第十六章》)意思是说,万事万物变化纷芸,但都会各自回到它们的根本。比如你用泥土塑成一尊雕像,经历了特定的时期之后它会被风化,还会回归泥土,即所谓归根。相对来说,泥土是其更为常态性的存在方式,变成泥土后可能千百年都为泥土;而作为雕像往往只有短暂的存在历史,因此向泥土的回归更接近其常态,更能呈现其原初具有的属性,所以称"静",称"复命"。老子还说:"孰能浊以静之徐清? 孰能安以动之徐生? "(《道德经·第十五章》)意思是,谁能在浑浊中安静下来,使它渐渐澄清? 谁能在安定中活动起来,使它出现生机? 就像一杯含有泥沙的水,只须使其处于安静的状态,总是能够慢慢变清;人若处于纷繁复杂的思绪中不能自拔,也只须静下来便能使思想变得清醒澄明。当然,静也不是死水一潭,在静中也可以孕育生长的力量。但这生成不是如"飘风不终朝,骤雨不终日"那样的暴起暴落,而是坚定、持续,循着道的方向生生不息。

在万物的消息盈虚中,庄子又发现了在表面的变化不息中包含的内在平衡:"万物皆种也,以不同形相禅,始卒若环,莫得其伦,是谓天均。天均者天倪也。"(《庄子·寓言》)也就是说,万物都有一个共同的起源,却用不同的形态相互替代,这一世为一种东西,下一世会变成另一种东西,开始和终了就像在循环往返,用列子的话说,叫"万物皆出于机,皆入于机"(《列子·天瑞》),而这中间的规律却没有谁能够完全掌握,因为那是自然把控的——这就叫自然的均衡,或者说自然的分判。举个例子说,比如大米放久了会生虫,虫子被鸡吃掉又变成鸡身上的一部分,后来鸡又被人吃掉，人死了又埋到地下化为泥土滋养禾苗，直到新的大米又生长成熟……从这个视角看，任何事物的存在都是动态中的短暂存在，是为"客形"；而其逻辑上的根据则可以理解为静态的"常"。这个"常"，作为万物之"种"，可以被理解为"气""元气""太虚""物质"或者其他不同的本原概念，但它描述的核心观念则基本是一致的：一方面通过经验我们发现了变化的存在和不可避免，另一方面我们又通过心灵找到了变化背后的平衡或者不变的根基——当然，只有"致虚极，守静笃"，超越纷繁的表象才能发现这样的"常"。能够找到这个"常"的人才是明智的，纵浪大化中也能不喜不惧、平静安和；而只看到当下的人则往往躁动不已，并会因妄作而致祸，所以老子有语曰："知常曰明。不知常，妄作凶。"（《道德经·第十六章》）

3.见微知著，通古达今

道既然是万物生成变化的路径，那么"知道"就能使人"不出户，知天下；不窥牖，见天道"（《道德经·第四十七章》），获得一种预知事物发展的能力。这能力首先来自对自然、对生活的深入观察和反省。老子是个善于发现的人，他看到，事物的变化往往是由小到大、由少到多的积累。"合抱之木，生于毫末。九层之台，起于垒土。千里之行，始于足下"（《道德经·第六十四章》），再粗的大树，也生长于细小的萌芽；再高的大厦，也是由根基一点一点奠定的；再远的距离，也需要一步一步地走才能走到。因此老子说："图难于其易，为大于其细。天下难事必作于易，天下大事必作于细。"（《道德经·第六十三章》）意思是，一件非常困难的事可以先一点点地将其拆分为相对容易的单元，然后分步骤、有头绪地各个击破，形成有效积累；这样时日既多，早晚会接近那个起初看似遥不可及的目标。便如爬泰山，站在山脚下看山顶，许多人都会说："这么高！这怎么能爬得上去啊！"的确，没人能从山脚一步跨到山顶，但你如果告诉自己："我先爬上这二十个台阶再说。"当然，很快你就实现了。之后你可以再以下十个台阶为目标，这样下去，不经意间也许你就已经在绝顶上"一览众山小"了！

不仅看到起点就可以预知终点，而且看到一个点也可以推及一个面以至全体，所谓"以小见大，见一叶落而知岁之将暮"（《淮南子·说山训》）。我们且来看《列子·汤问》篇中的一段文字：

> 殷汤问于夏革曰："古初有物乎？"夏革曰："古初无物，今恶得物？后之人将谓今之无物，可乎？"殷汤曰："然则物无先后乎？"夏革曰："物之终始，初无极已。始或为终，终或为始，恶知其纪？然自物之外，自事之先，朕所不知也。"殷汤曰："然则上下八方有极尽乎？"革曰："不知也。"汤固问。革曰："无则无极，有则有尽；朕何以知之？然无极之外复无无极，无尽之中复无无尽。无极复无无极，无尽复无无尽。朕以是知其无极无尽也，而不知其有极有尽也。"汤又问曰："四海之外奚有？"革曰："犹齐州也。"汤曰："汝奚以实之？"革曰："朕东行至营，人民犹是也。问营之东，复犹营也。西行至豳，人民犹是也。问豳之西，复犹豳也。朕以是知四海、四荒、四极之不异是也。故大小相含，无穷极也……"

人的经验是有限的、有穷的，但借助于类比、类推，展开想象，却可以见微知著、鉴往知来，将认知的触角拓展至更大的时空。读这样的文字，真真使人眼界心胸为之一开，似乎离"道"更近了一步……

第五章 和其光,同其尘——道家的应世之学

一、为而不争

1.柔弱胜刚强

道家对世界的观察,往往不是只就当下给出现实的判断,而是结合事物的动态发展,在面向未来的视角下给予展望式的预言——"柔弱胜刚强""弱者道之用"就是这样一种判断。由于老子看到的是"物壮则老"(《道德经·第三十章》),无论是人还是事物,一旦发展到强盛的地步很容易就走向下坡路了,所以他希望能长久地处于初始的柔弱的状态,或者说,处在一种永远面向更好未来的状态。老子很喜欢婴儿,他对婴孩有非常细致的观察,比如他说:"含德之厚,比于赤子。毒虫不螫,猛兽不据,攫鸟不搏。骨弱筋柔而握固。未知牝牡之合而全作,精之至也。终日号而不嗄,和之至也。"(《道德经·第五十五章》)婴儿虽然看似非常弱小无力,但他有许多过人的地方。比如说他的小手可以握得很紧,如果成人将手指插在婴儿的拳头中向上一提,婴儿会被提起来;他可以大声哭上一天,而嗓子却不会哭哑;有时孩子从挺高的楼上摔到地上,受伤却并不重。这些都说明看似柔弱的婴儿其实具有更和粹精纯的力量,这和他有着更好的未来可能性互相表里,构成老子心目中具有效法

价值的对象。

在老子眼中，柔弱并不意味着"懦弱""阴柔"，其实它更多用来指"活泼的""充满生命力"的东西；相反，坚强、强硬则反而是走向衰朽的风向标。《道德经·第七十六章》讲："人之生也柔弱，其死也坚强。万物草木之生也柔脆，其死也枯槁。故坚强者死之徒，柔弱者生之徒。是以兵强则不胜，木强则兵。强大处下，柔弱处上。"生命的体征往往是柔软舒顺，但死的时候身体就变得僵硬。草木初生的时候枝干柔韧，死亡的时候就变得干枯脆硬。所以老子把坚强归于死亡的特征，把柔弱归于生命成长的特征；认为前者的发展趋势是趋于下降，而后者则是一种正在上升的力量。

另外，柔弱中包含着足够的弹性和韧性，恰恰可以对坚硬的东西构成一种制约和超越。《道德经·第四十三章》："天下之至柔，驰骋天下之至坚。无有入无间。吾是以知无为之有益。"最能代表这种柔弱的力量的，就是老子亟称的"水"。老子说："天下莫柔弱于水，而攻坚强者莫之能胜。"（《道德经·第七十八章》）水看似柔弱，可是滴水可以穿石；而且若汇集起来形成巨势，则可以摧城拔屋，有不可抵御的力量。因此老子引出的结论是"柔弱胜刚强"。然而饶是如此，人们对刚强还是难免有企羡之心。对此，另外一个早期的道家人物鬻子这样讲："欲刚，必以柔守之；欲强，必以弱保之。积于柔必刚，积于弱必强。观其所积，以知祸福之乡。"（《列子·黄帝》）立足于柔，得到的则是刚；立足于弱，得到的才是强。反过来对于敌对方，倒不妨将其推到强的位置上，所谓"将欲弱之，必固强之"——这又是一个"反者道之动"的生动例证。

2.上善若水

先从"争"说起。荀子讲:"人生而有欲,欲而不得,则不能无求;求而无度量分界,则不能不争。"也就是说,争起于人的欲望。因为欲望的唯一特性是求满足,而在资源有限的条件下,不同的欲望主体之间则很容易产生各种形式的争夺。对此,荀子设定的解决方式是通过制定礼义来限制和调节,这是从社会的宏观视角提出的一种治世方案。但老子却试图从人的内心出发,釜底抽薪地化解这一问题——不争就好了嘛。问题是,不争何以可能? 或者说,人能超越自己的欲望吗?

先到水边坐一会儿。"上善若水。水善利万物而不争,处众人之所恶,故几于道。……夫唯不争,故无尤"。(《道德经·第八章》)怪不得"智者乐水",有问题到水边静静就有答案了。先说不争的好处。首先是"无尤",也就是没有过失,没有怨咎。人们都在争,你不争,就不会成为众人的敌对面,人与人之间紧张的气氛和张力自然就得到缓解。拿水来说,人们常说,"人往高处走,水往低处流",由于所趋向的维度不同,相应地也就消减了许多利害冲突。而且当你处下不争的时候,很多资源往往会自动流向你,就像江海的位置最低,因此才汇集百川,成就汪洋之势。这就叫"以其不争,故天下莫能与之争"(《道德经·第六十六章》)。

后来的道教对"不争"又有进一步的发挥。《老子想尔注》称:"求长生者,不劳精思求财以养身,不以无功劫君取禄以荣身,不食五味以恣,衣弊履穿,不与俗争,即为后其身也。"从根本上说,求仙求道者所追求的核心价值与普通人就有着根本的差异。普通人所追求的,往往是财货名利;道士所追求的,乃是自性清静,得道长生。由于价值对象不同,所谓"你走你的阳关道,我走我的独木桥",所以恰恰不会构成根本的冲突。金元时期道士姬志真有一首《警世》诗:"春去秋来不暂停,两轮催促太无情。蜗牛角上争名利，石火星中寄死生。阎老判句难抵当，酆都决去没期程。有条坦坦分明道，争奈迷人不肯行。"诗意是说，百年光荫，倏忽即逝，世人却只知在争名夺利走向迷途，未知人生真正的价值何在。当然，价值的事本来就极个人化，"尧、舜之君世，许由之岩栖，子房之佐汉，接舆之行歌"（《与山巨源绝交书》），其意各异，正好分出百途。这倒是好事，理想的结果就是各得其所。但问题就在于人的欲求有太多交集，所以若想不争，也许核心的问题就在于——别和别人要的一样，做个特立独行的人吧——且看老子如何：

　　众人熙熙，如享太牢，如春登台。我独泊兮其未兆，如婴儿之未孩；儽儽兮若无所归。众人皆有余，而我独若遗。我愚人之心也哉！沌沌兮，俗人昭昭，我独昏昏；俗人察察，我独闷闷。澹兮其若海，飂兮若无止。众人皆有以，我独顽似鄙。我独异于人，而贵食母。（《道德经·第二十章》）

　　3.不自见、不自是、不自伐、不自矜

　　在社会生活中，每个人都是一个具有主体自我意识的个体，因此"我"时时都会作为一种意识前提出现于每个人的思考和话语之中。"我"首先是一个感觉的主体，具有眼耳鼻舌身等诸多感官，由此具备相应的感知能力。应物而感，则有所见；而其所见则会进一步作为判断是非高下的标准，从而为自己如何行为提供选择依据。能够自是即自我肯定，才能决然行之。行而有当，获得了预期的结果，则不免自鸣得意，面对行而无果者往往会带着心理优势，露出高人一等的矜态。对于这一过程，老子一眼望穿，并一一驳之。他的思考习惯就是跳到另一个维度去看到那些普通人难以看到的方面,从而提出一些你意想不到的主张,正言若反,意味深长。

且从"见"说起。每个人对事物的观察都会有一个特定的角度,且会携有此前经验累积而成的认识范式,因此形成了自己观照世界的尺度,用庄子的话说叫"成心"。从成心出发去观物,庄子称为"以物观之"(《庄子·秋水》)。自己的尺度与人不同,认识结果当然有异,如果以自己为标准,就会以为别人都是错的;当然,从别人的标准来看,你也可能是错的,这就叫"此亦一是非,彼亦一是非"(《庄子·齐物论》)。这样一来,结果就是"是其所是而非其所非",导致"自贵而相贱"。因此,有所见也就有所不见、有所不明。只有超越这种状态,跳到自己之外去想象和感受不同的尺度,才能打破"以物观之"的壁障,进入"以道观之"的澄明。

当然,若能有以上的认识,自然也就不会自大和自夸。自我炫耀恰恰表明只满足于一知半解,蔽于所知,不见其所不知,在认识上是相当浅薄的。在人际关系上,"伐则掩人,矜则陵人",夸耀自己的功劳,甚至把所有的功劳都归在自己头上就会掩盖别人的努力,这样就会导致别人的不满甚至怨憎;自高自大就会气势凌人,同样会令人反感。所以古来成就大事的人往往都会对此有清醒的认识,如《淮南子·缪称训》所论,"后稷广利天下,犹不自矜;禹无废功、无废财,自视犹觖(jué,意为不满意)如也",也许正是能够谦抑下人,才成就了他们不世的功业。从一技一艺来说也是如此,《备急千金要方·大医精诚》:"夫为医之法,不得多语调笑,谈谑喧哗,道说是非,议论人物,炫耀声名,訾毁诸医,自矜己德,偶然治瘥(chài,愈也)一病,则昂头戴面,而有自许之貌,谓天下无双,此医人之膏肓也。"有的医生偶然治好了一个病人,就觉得自己的医术天下无双了——在道家看来,这其实才是不治之疾。

4.大智若愚

《列子·汤问》中有一个广为人知的故事,叫作"愚公移山"。说的是古代有一位老人,住在华北,名叫愚公。他的家门口南面有两座大山挡住他家的出路,一座叫作太行山,一座叫作王屋山。愚公下决心率领他的儿子们要用锄头挖去这两座大山。有个叫智叟的老头就笑他,说你们这样干未免太愚蠢了,你们父子数人要挖掉这样两座大山是完全不可能的。愚公回答说:我死了以后有我的儿子,儿子死了,又有孙子,子子孙孙是没有穷尽的。这两座山虽然很高,却是不会再增高了,挖一点就会少一点,为什么挖不平呢? 愚公每天挖山不止,后来感动了上帝,他就派了两个神仙下凡,把两座山背走了。

这个故事可引发思考的地方很多,我们就且从智愚说起。作为寓言,这里面主人公的名字其实是带有一定意义的。愚公看起来很傻,用看起来最笨的方法去解决问题,但最终解决了问题;智叟表面看起来很老道,但浮而不实,对解决问题并没有提出什么真正的可行方案。那么,两个人究竟谁更有智慧呢? 这是古人留给我们的一个问题。

我们都非常熟悉老子的"大智若愚"这句话。事实上,这话最堪玩味的是这个"若"字。《论语》中曾经提到一个人叫宁武子,孔子称他"邦有道则知,邦无道则愚;其知可及也,其愚不可及也"(《论语·公冶长》)。也就是说,国家安定有道时,他能充分显示和发挥自己的聪明才智;在国家无道时,他又能装傻,自居无用之地。后者就不是一般人能做到的了。"若愚"不是真愚,它往往超出了凡俗的眼角,是在把握了道的运动和平衡中找到了"处其环中"的智慧,如此才能用行舍藏,无入而不自得。

普通人的眼光往往只看到物质利益,而有大智慧的人却能看到超越世俗利益的更高价值;普通人的眼光往往只看到当下,而有大智慧的人却能看到未来。《红楼梦》中的跛足道人有一曲《好了歌》:"世人都晓神仙好,惟有功名忘不了!古今将相在何方?荒冢一堆草没了。世人都晓神仙好,只有金银忘不了!终朝只恨聚无多,及到多时眼闭了。世人都晓神仙好,只有娇妻忘不了!君生日日说恩情,君死又随人去了。世人都晓神仙好,只有儿孙忘不了!痴心父母古来多,孝顺儿孙谁见了?"其实,这里面讲的"世人"都似智而实愚,反而那跛足道人虽看似疯癫如愚,反而是真正参透了生活本相的智者。

有大智慧的人,往往不会轻易接受常人相信的程式化规则,不跟风盲从;他们习惯的是深入思考,寻找深层的根据。比如有这样一个问题:炮弹出膛后本身已经不再受到火药的推动力,为什么还能继续前行那么远的距离?如果你在一秒钟内就给出了答案:"惯性!"那也许说明,你已经陷入"常识"的"惯性"。看你身边那个人,他已陷入深深的思索——嘘,别嘲笑他……

二、与物为春

1. 与人为徒

我们从上文中不难看出,为道者由于在价值取向上与世俗之人往往有着根本的分别,因此往往显得不太合群。可人毕竟是一种社会性的存在,即便求仙慕道,试图超脱世俗,但还是不免要在红尘打上几个滚——出离人世哪是那么容易的?庄子有篇宏文叫《人间世》,对于"人间"这两个字,郭象注解说:"与人群者,不得离人。"也就是说,生而为人,就无所逃离于世间。既然生活在人间世,那么必然要与其他人一起生活;而与其他人一起生活，就必然要遵守社会约定成俗的一些道德伦理、礼仪规范。这就叫"与人为徒"："擎跽曲拳，人臣之礼也，人皆为之，吾敢不为邪？为人之所为者，人亦无疵焉，是之谓与人为徒。"

"擎跽曲拳"是古时见君要行的跪拜之礼。你即便再超脱，根本不把这些在位者放在眼里，但也很难出离这些尘世俗礼，否则甚至可能会有杀身之祸。比如魏晋时期的嵇康，就是因为"刚肆直言，遇事便发"，甚至"非汤武而薄周孔"而为当权者所猜忌。《晋书·嵇康传》记载，嵇康有次在大树下打铁，朝廷中的实权人物钟会来见他，嵇康连头都没抬，对钟会的来访不予理睬。钟会怀恨在心，向司马昭说嵇康的坏话，司马昭便把嵇康杀了。

庄子生活的战国时代也是一个乱世。庄子清醒地看到了孤标高举、张扬自我的危害，因此他主张"无己"，强调与世俗的融通："彼且为婴儿，亦与之为婴儿；彼且为无町畦，亦与之为无町畦；彼且为无崖，亦与之为无崖。"（《庄子·人间世》）意思是说，如果对方像个天真的孩子一样，你也姑且跟他一样像个无知无识的孩子；他如果同你不分界线，那你也就跟他不分界线。他如果跟你无拘无束，那么你也姑且跟他一样无拘无束。也就是说，在行为上不妨随俗顺世，减少与外物的摩擦，以此避害全生。老子也讲过，要"和其光，同其尘"，即收敛过于耀眼的光芒，同一切存在浑然一体。《楚辞·渔父》中讲了这么一个故事：

> 屈原既放，游于江潭，行吟泽畔，颜色憔悴，形容枯槁。渔父见而问之曰："子非三闾大夫与？何故至于斯？"屈原曰："举世皆浊我独清，众人皆醉我独醒，是以见放。"
>
> 渔父曰："圣人不凝滞于物，而能与世推移。世人皆浊，何不淈

其泥而扬其波？众人皆醉，何不餔其糟而歠其醨？何故深思高举，自令放为？"

屈原曰："吾闻之，新沐者必弹冠，新浴者必振衣。安能以身之察察，受物之汶汶者乎？宁赴湘流，葬于江鱼之腹中。安能以皓皓之白，而蒙世俗之尘埃乎？"

渔父莞尔而笑，鼓枻而去，歌曰："沧浪之水清兮，可以濯吾缨；沧浪之水浊兮，可以濯吾足。"遂去，不复与言。

这位渔父真可谓深谙和光同尘之三昧的人啊！

2.宽以容物

宽容是道家自身蕴涵的内在精神。万物各禀道而来，各呈其理，所谓"吹万不同"，此为常道、常理。若明此理，自然能够"物各付物"，尊重和容纳不同事物具有的不同样态。老子说："知常容，容乃公，公乃王，王乃天，天乃道，道乃久，没身不殆。"（《道德经·第十六章》）在老子看来，"容"是一种"通"道，是一种可以打通事物间的隔阂和壁障的力量。任何一种事物的存在包括一个人的存在都是有限的，但如果能拆解外在的差别，"挫其锐，解其纷；和其光，同其尘"（《道德经·第五十六章》），从而达到"玄同"之境，就可以自有限而迈入无限，与大道融合。一个与道融合的人，必然会待人以慈善宽容。从道的眼光看，不同的人各自都有自己的价值，"善人者，不善人之师；不善人者，善人之资"（《道德经·第二十七章》）；老子主张"善者，吾善之；不善者，吾亦善之"（《道德经·第四十九章》），并将这种慈爱精神视为"三宝"之一。《庄子·天下》在评论老子和关尹时就称他们"常宽容于物，不削于人，可谓至极"。当然，庄子自己在处理人际关系时也是善于随势应情的。庄子意识到了个体认识的相对性,因而他主张平等对待不同的思想体系和价值观念,反对用单一的标准去规范和要求不同的对象。后来郭象在注《庄子》的时候也很好地继承了这种精神,特别强调要"宽以容物"。他在《人间世注》中讲:"夫宽以容物,物必归焉。克核太精,则鄙吝心生而不自觉也。故大人荡然放物于自得之场,不苦人之能,不竭人之欢,故四海之交可全矣。苟不自觉,安能知祸福之所齐诣也!"意思是说,如果能够宽厚容人,自然会有好的人缘。如果对人要求太过苛责,难免会遭人嫌弃,弄不好还会招到别人的恶意报复。比如有的人往往容不得别人的过错或者性格上的差异,他过分要求所有人一举一动均符合自己的标准。这种人的人际关系甚至家庭关系往往都会很差,生活中总是会出现各种摩擦和矛盾。郭象强调,只有"明夫怀豁者无方,故天下乐推而不厌"(《逍遥游注》),也就是要以一种宽容的精神调和于其间,才能处处逢圆,获得别人的推重和好感。

道教也继承和发扬了道家的宽容精神。灵宝派的核心经典《元始无量度人上品妙经》中就承接《道德经》中"圣人常善救人,故无弃人;常善救物,故无弃物"的宽容慈爱思想,宣扬"仙道贵生,无量度人",构建了一种"不杀不害,不嫉不妒,不淫不盗,不贪不欲,不憎不缀,言无华绮,口无恶声,齐同慈爱,异骨成亲"的社会关系理想,并把老子"三宝"中的"慈"作为处理人际关系的基本原则。另外,道教重要劝善典籍《文昌帝君阴骘文》中也主张要"救人之难,济人之急,悯人之孤,容人之过"。武当派祖师张三丰也强调要"容人之所不能容,忍人之所不能忍,则心修愈静,性天愈纯"(《水石闲谈·第四》)。总的来说,宽容可以说是道家道教的基本共识之一,是其修心炼性的一个基本条目。

道家道教的宽容精神，对中国传统的人际交往实践产生了重要的影响。许多脍炙人口的名言警句都来自这种影响，比如"海纳百川，有容乃大"，"德从宽处积，福向俭中求"，"得饶人处且饶人"等等，宽容精神事实上已经深深地融入我们的文化，成为我们民族性格的一个重要标识。

3. 报怨以德

西汉刘向的《新序·杂事四》记载有这样一个故事：梁国的一位大夫叫宋就，他曾担任边境某县的县令。该县与楚国邻界，而国境线两侧的乡民都种瓜且有一定规模。梁国这边的乡民种瓜比较用心，灌溉瓜园的次数多，种出的瓜味道也比较好。而邻乡的楚国人很少灌溉瓜地，种出的瓜就很难吃。楚国的乡人嫉妒梁国人比自己有能耐，就在夜里破坏梁国乡人的瓜，许多瓜秧都死了。梁国的乡人发觉了，就报告了乡长，打算去破坏楚国乡人的瓜报复他们。乡长去请示宋就，宋就说："这可不行！这会导致相互怨恨啊！别人干坏事自己也跟着干，显然是不对的。咱们不妨这样，你们每天晚上偷偷到楚国乡里给他们灌溉瓜地，千万别让他们知道。"于是梁国的乡人每天晚上偷偷去给楚国乡人灌溉瓜地。楚国人早晨去瓜园巡视，就发现都已经浇过水了，瓜也一天比一天长得好。楚人感到奇怪，通过慢慢侦察，才知道是梁人所为。楚国县令听到后非常高兴，把这事原原本本告诉了楚王。楚王听说以后，感到非常惭愧和内疚，对官吏们说："这是梁国人暗地对我们谦让啊！"于是给宋就重金表示感谢，并请他转交给梁王。而且，楚王在许多场合都常提这件事，对梁人之所为深表赞赏。梁王认为楚王很有诚意，所以两国关系越来越好，成为长期和睦相处的友邦。

这个故事，在刘向看来非常充分地体现了老子"报怨以德"的观念，因为"夫人既不善,胡足效哉",就是说不要学习效法对方的不善,而是回应以仁德之举。当然,也有人认为老子讲的"报怨以德"本意并非"对有怨者施以恩惠以消弥怨恨","德"应该理解为"道德"而非"恩德"。不过,就后世的一般理解来看,基本上还是倾向于前者。比如在《论语·宪问》中也有这样一段记载:有人问孔子:"以德报怨,何如?"孔子回答说:"何以报德? 以直报怨,以德报德。"从对答来看,孔子时代的人对此语的理解事实上也是接近汉时刘向的理解的。而且孔子并不主张以德报怨,当然也反对以怨报怨,而是主张以直报怨。古时"直""值"相通,大致相当于等值的意思;"以直报怨"就是以牙还牙,以眼还眼,予以对方一个针对性的等值回应。不可一味姑息从而纵容罪恶扩散而良善丧失,也不可挟私加重报复,这是一种更为刚性的应对方式。而老子由于主张处柔守弱,且看到了祸福相依、互相转换的道理,因而他又一次走向了不为常人心态所理解的反向思维,主张以善来报不善,这从他的思想体系来看也是自然而正常的。用老百姓的话说,狗咬你一口,难道你要反咬狗一口? 你以后每次见到它时就扔给它一个包子,它再见到你就会摇起尾巴了……

三、虚己游世

1.世事洞明

《红楼梦》里有一副对联,写的是"世事洞明皆学问,人情练达即文章","潦倒不通世务"的贾宝玉见之即不喜,以为太俗。事实上,后人对"世事洞明""人情练达"更多只是从"术"的层面去理解,而没有达到"道"的层次。事实上,不仅自然万物有其生成变化之道,人心、人情、人事亦有其阴阳消长之理。生于世间,行走社会,若不明此中之道,往往也会走到死胡同里。因此,明世事、通人情、达物理,这本就是道家的入门工夫。所谓"一事不知,以为深耻",讲的也是这个道理。

世事洞明需要有细致的观察力和高度的思辨省察力。因为人的思想观念都是内在的,仅仅看外貌、听言语,是很难辨识其内心的。就像庄子借孔子之口讲的,"凡人心险于山川,难于知天。天犹有春秋冬夏旦暮之期,人者厚貌深情,故有貌愿而益,有长若不肖,有顺怀而达,有坚而缦,有缓而釬"(《庄子·列御寇》),外在的和内在的可能会有很大的分别。老子也说"信言不美,美言不信;善者不辩,辩者不善;知者不博,博者不知"(《道德经·第八十一章》),这话真是越琢磨越觉得有理。当然,辨识的方法也是有的,《庄子·列御寇》里面就提到有"九征"。比如任用一个人,和他的距离远一些,他就容易欺瞒或独断,正可以由此观察他的忠诚;和他的距离近一些,一般人就会蹬鼻子上脸,正可以由此观察他内心是否对你真正尊敬;另外可以用琐碎的事来观察他的能力,突然提问他以考察他的智识,给他短促的期限来看他是否守信,把财务委托给他来看他是否廉洁;再就是处之以危难以观其节操,是否遇难不乱临危不惧;让他喝醉以观其仪态和原则性;使男女相处以观其贞操,看他是否好色喜淫。看是否能够经受住这九种考验,也就能充分了解其人品和内心。

当然,人心人情有一些常规,我们一般称之为"人之常情",这也不可不知。比如《庄子·在宥》就说:"世俗之人,皆喜人之同乎己而恶人之异于己也。"所谓同声相应,同气相求,人们多喜欢和自己接近的人,这就是一种"常情"。人做事的过程也有其"常情",《庄子·人间世》中也讲了许多,比如人们之间的竞争,一开始正大光明,到后来就开始来阴的了;

喝酒时一开始大家都规规矩矩,喝到后面就乱了;一开始合作时相互还能够信任,到后来慢慢就开始互相欺诈;合作开始时关系比较单纯,到后来就越来越微妙复杂,这些都可谓对人情世故的深入体察。

魏晋时期的嵇康,虽然在人们心目中是位不染俗事的超脱名士,但其实他对世事的观察和分析一点也不次于道家这些先贤,其中有对常人交往心理的测度,如"常人皆薄义而重利,今以自竭者,必有为而作,鬻货交欢,施而求报,其俗人之所甘愿"(《家诫》);有对世故人情的揭示,"俗人传吉迟,传凶疾,又好议人之过阙"(《家诫》);有对世人观念的封闭性及其原因的分析,"常人之情,远,虽大莫不忽之;近,虽小莫不存之"(《答难养生论》)。凡此种种,无不鞭辟入里,入木三分。这些认识,可以说是沿着老子"知人者智"的训导开出来的。只不过在看到了世俗的迷失之后,嵇康倒是更坚定了走出世俗、寻求超越的决心——这也正说明,在世事洞明的基础上,也可以有不同的人生选择。但若使自己的选择落于实处,在这门"学问"上还要下足够的工夫。其实,知道俗是什么,并不意味着俗。

2.因物付物

《庄子·至乐》中讲了一个"鲁侯养鸟"的故事:从前,有一只海鸟停留在鲁国国都的郊外。鲁侯把它"请"到宗庙里,给它敬酒,演奏《九韶》来取悦它,准备牛、羊、猪的肉来喂它。可是这海鸟却眩视忧悲,不敢吃一块肉,不敢喝一杯酒,三天后就死了。庄子评价说,鲁国国君的这种做法,不是用豢养鸟的办法养鸟,而是用供养自己的办法养鸟。庄子虽然以鸟为喻,但讽刺的却是在社会上存在相当普遍的一种交往和认知态度。人们往往习惯于以己度人,把别人想得和自己一样。但事实上每个人的价值观念和审美偏好等都可能存在很大的不同,你追求的别人未必追求,你喜欢的别人也未必喜欢,这就叫价值的多元性和个体的差异性。

对于庄子的这种观念,竹林玄学的代表人物嵇康就理解得很透彻。他先是从承认"性"的个体差异出发,肯定了社会多元价值选择的合理性:"尧舜之君世、许由之岩栖、子房之佐汉、接舆之行歌,其揆一也。仰瞻数君,可谓能遂其志者也。"(《与山巨源绝交书》)尧舜能够安于做天子,而许由只愿意做一个隐士,拒绝了尧让天下于他的请求。张良甘心辅助刘邦夺取天下,而楚国狂士接舆却对积极从政的人表示不解。嵇康认为,人的天性不同,际遇也不同。但不管是贵为天子、公卿大夫,或是隐居山林,只要能够"循性而动,各附所安"(《与山巨源绝交书》),那就无可厚非。社会中的每个个体都有按照自己的个性特点选择自己人生道路的权利。人生选择的多元性是个性差异的必然结果,强行以统一的模式去规整人们的价值选择实际上是对人性的压抑。由是他极力反对强把自己的观念加于别人的作法,认为己之所欲,人未必欲;己之所是,人未必是,每个人皆有自我选择的自由,任何他人皆无权干涉:"不可自见好章甫,强越人以文冕也;己嗜臭腐,养鸳雏以死鼠也。"由于价值具有相对性,因而人们不能仅从自身的立场出发对他人进行评判,而应理解、尊重他人的选择:"夫人之相知,贵识其天性,因而济之。""四民有志,各以得志为乐,唯达者为能通之。"(《与山巨源绝交书》)自由不仅仅是个人的,它同时还应是所有人的,人如果能够通此情达此理,那么他就会不仅以自己的自由为乐,而且还能以别人的自由为乐。

清代道士,全真龙门派第十一代宗师悟元子刘一明,曾著有《神室八法》,其中讲:"如果有己无人,行为执着,不失之太过,即失之不及……和处极多,只在机活神圆,因物付物。吾劝同志者,速将人我山放倒,急把龙虎穴冲开,将已往高傲欺心,滞气血性,小见偏识,一切不平不顺、不中不正等事,一笔勾销,另换出个和平性情、温柔姿格。"这里面讲的"将人我山放倒",就是强调不以"我见"自作主张;"因物付物"就是要随顺对方性情、虚己照物。以这样的方式与人交往,自然就不会太过强势、太过自我,呈现出来的也许便是所谓的"和平性情、温柔姿格"。

3. 相忘于江湖

《庄子·大宗师》中讲了这样一个寓言:"泉涸,鱼相与处于陆,相呴以湿,相濡以沫,不如相忘于江湖。"泉池的水干涸了,原先在水中嬉戏的鱼都搁浅在了陆地上,快要干死了。它们相互哈着水汽,把嘴里的沫子抹在对方腮上,以此苟延残喘。这真是互亲互爱的极致了! 可庄子说,与其这样,倒不如大家都能够在江湖各自游来游去互不相干。

庄子在这里想表达的,是他对人际关系的一种理解。儒家讲亲亲而仁民,仁民而爱物;墨家也讲兼爱,要求爱人之父若己之父,爱人之子若己之子;但道家首先会强调自足,强调无待于外,自在逍遥。所有的人都自足而无待,也就不需要来自他者的帮助。比如老子,所表达的社会愿景不过是"甘其食,美其服,安其居,乐其俗,邻国相望,鸡犬之声相闻,民至老死不相往来"(《道德经·第八十章》)。家家有吃有穿,安居乐业,每个人都生活在富足、祥和、宁静、喜乐、满足的世界中,交流或者不交流,来往或者不来往,对他们的生活均没有丝毫影响,也用不着去强调邻里间互帮互助了。这种状态,在庄子那里表达为"无待"。"待"就是依赖,以之为条件。世上事物的存在都是有条件性的,人自然也不例外。但人作为精神性的存在,却可以在观念上超越现实的限制,在一定程度上消解现实对自身的束缚。他说:"若夫乘天地之正,而御六气之辨,以游无穷者,彼且恶乎待哉?"(《庄子·逍遥游》)其实这话听着高妙,若换种说法,无非就是"安时而处顺""知其不可奈何而安之"的意思,天地之运行何如,我便顺之依之,随之安之,不自求,不妄念,当然也就能做到无待。庄子的人格理想,是无己、无功、无名的至人、神人、圣人,是决不会"弊弊焉以天下为事"的姑射仙人。这样的人自然不会汲汲奔忙于人际关系的建构,而是无心于万物,自适其适而已。当然,自足的人也未尝不需要朋友,只是庄子眼中的朋友关系是这样的:

> 子祀、子舆、子犁、子来,四人相与语曰:"孰能以无为首,以生为脊,以死为尻;孰知死生存亡之一体者,吾与之友矣。"四人相视而笑,莫逆于心,遂相与为友。(《庄子·大宗师》)

相视而笑,莫逆于心,无非是一种精神上的契应,而不是相濡以沫式的温情。"鱼相忘于江湖,人相忘于道术",每个人都不假外求,当下即是,则又何求于人,何怨于天。子来后来得了病,已经奄奄一息,他的妻子儿女围在床前哭泣。子犁叱之令其走开,并与子来畅议生死之道,彼此的内心相通无隙。像子祀、子舆、子犁、子来这样的人,大概就是庄子说的"相忘于道术"者吧。

第六章　深根固柢，长生久视——道家的治身之说

一、利用厚生

1.贵己存我

道教经典《太平经》中有这样一段文字："夫人死者乃尽灭，尽成灰土，将不复见。今人居天地之间，从天地开辟以来，人人各一生，不得再生也。自有名字为人。人者，凡中和凡物之长也，而尊且贵，与天地相似；今一死，乃终古穷天毕地，不得复见自名为人也，不复起行也。"这段话表达的一个核心观念是：人生是一次性的，且人皆有死，死则不复生，我不复为我了。

这种感受想必很多人都会有。春秋时隐士荣启期的所谓"三乐"其实也表达了这种观念。这位活到了九十多岁的快乐老人曾这么说："吾乐甚多：天生万物，唯人为贵。而吾得为人，是一乐也。男女之别，男尊女卑，故以男为贵；吾既得为男矣，是二乐也。人生有不见日月、不免襁褓者，吾既已行年九十矣，是三乐也。"（《列子·天瑞》）身而为人，便是难得。若是早早夭折，总是一件憾事。因为生命本身是一种基础性的价值，上天有好生之德，众生有求生之情。顺自然之性，必然会贵己存生，强调自己的存在价值。

重生可以说是道家的一个基本观念。老子曾讲："贵以身为天下者，则可寄天下；爱以身为天下，乃可托天下。"（《道德经·第十三章》）这是说，视自身像天下一样重要并爱护的人，才可将天下托付于他。道理很简单，连自己都不爱的人，怎么会爱别人呢？身是价值的基础和前提，就像《文子·上义》中提到的那个"据图刿首"的例子所讲的那样，"左手据天下之图，而右手刿其喉，虽愚者不为，身贵于天下也"。杨朱的"拔一毛以利天下而不为"也是这个意思，有人请他当官时，他说纵使让他拔出小腿上的一根毛来利于天下，他也是不会去损害自己的身体的。当然杨朱并不是仅仅关心物质上的身体，他只是要说明生命是远远高于名利的价值，应该把生命之外的一切东西都看得轻如鸿毛。在杨朱看来，有生便有死，人人皆如是。生有贤愚、贫贱之异，而所同者为死，均为腐骨，尧舜与桀纣没有什么不同；而人身难得，生命短暂，故应万分珍惜，要用心呵护，不要为外物所伤。

对于生命的价值，道家虽然极为看重，但并无意追求长生，其态度非常理性。《列子·杨朱》有一段极为有趣的对话：

> 孟孙阳问杨朱曰："有人于此，贵生爱身，以蕲不死，可乎？"曰："理无不死。""以蕲久生，可乎？"曰："理无久生。生非贵之所能存，身非爱之所能厚。且久生奚为？五情好恶，古犹今也；四体安危，古犹今也；世事苦乐，古犹今也；变易治乱，古犹今也。既闻之矣，既见之矣，既更之矣，百年犹厌其多，况久生之苦也乎？"孟孙阳曰："若然，速亡愈于久生；则践锋刃，入汤火，得所志矣。"杨子曰："不然。既生，则废而任之，究其所欲，以俟于死。将死，则废而任之，究其所之，以放于尽。无不废，无不任，何遽迟速于其间乎？"

一方面，长生不死是不太靠谱的，也没必要追求，因为你多活几世过的日子和一世本质上也没太大区别。当然，更没必要求早死，既然活着，就循其自然，活出生命的意义和价值好了。反正死是早晚都会来的事，又何必着急呢？

2. 养形固身

前面说了，既然活着，就得好好活。能活得长些就尽量努努力，身体养护得健康些也是必须的，否则整天生活在病痛中也不是滋味儿。这些都涉及到道家的养形固身之术，我们且分几个方面来说。

人作为一种生物，要实现生存，首先要保证衣食住行等基本的物质需求。《列子·杨朱》云："人者，爪牙不足以供守卫，肌肤不足以自捍御，趋走不足以逃利害，无毛羽以御寒暑，必将资物以为养。"这段话很容易理解，意思是说，人的生存需要借助一定的物质条件，这叫"资物"，其实"物资"这个词也是从这儿来的。连庄子这么超脱的人，家里揭不开锅的时候，也要找人借米。所谓"人是铁，饭是钢，一顿不吃饿得慌"也正是这个道理。

在吃饱穿暖喝足的基础上，还可以对生命有所拓展。嵇康《养生论》称："至于导养得理，以尽性命，上获千余岁，下可数百年，可有之耳。而世皆不精，故莫能得之。"他所谓的"导养得理"，就是一方面通过"呼吸吐纳，服食养身"以"养身"，另一方面通过"修性""保神"以"安心"，使形与神、身与心相济于和谐。

关于服食养生之术，南北朝时期的陶弘景曾撰有《养性延命录》，对前人的养生理论和方法进行了总结，形成了较完整、成熟的道教养生学体系。据说他年逾八十而犹有壮容，或许的确对养生术造诣颇深。陶弘景的养生理念其实和嵇康在精神上是一贯的，即强调形神兼修，保持中和；再施以行气、导引、服食等术，坚持不懈就能有所裨益。陶弘景对医术颇为留意，他认为，"凡学道辈，欲求永年，必先祛疾"（《方药法要》），把服药祛疾当作学道初级阶段的重要内容。他写有《本草经集注》，依据药物的天然属性和实用特点，分为玉石、草木、虫鱼、禽兽、果菜、米食、有名未用七类。在对自然界的物性全面深入了解的基础上，陶弘景认为，可以借助服食相应的食物和药物来补充人体自身的能力损耗，达到延年益寿的目的。

道教还有所谓"服气之术"，不仅可以用来治病，也是一种修炼长生之术。服气，又称"食气""行气"，指呼吸吐纳之术。《庄子·刻意》中就有"吹呴呼吸，吐故纳新"的说法，就是说吐出浊气，呼入清气。《养性延命录》云："食生吐死，可以长存，谓鼻纳气为生，口吐气为死也。凡人不能服气，从朝至暮，常习不息，徐而舒之，常令鼻纳口吐，所谓吐故纳新也。"吐纳后来也被作为气功中的一种炼气技法，主要调整肺呼吸，宜均匀、细缓、深长。据说吐纳达到高层次时，"能不以鼻口嘘吸，如在胞胎之中"（《抱朴子·释滞》），进入所谓胎息境界。在服气的基础上，道教还有所谓内丹修习之术，它以人的身体为"鼎炉"，修炼"精、气、神"，从而达成强身健体、提高人体生命机能的目的。

运动养生也是重要的道家养生功法，主要包括导引、按摩等。导引就是通过四肢、身体运动，从而达到强筋健骨、祛病除劳的目的。比如华佗发明的五禽戏，就可以视为是导引的一种。按摩是指用手或肢体对身体各个部位施以推、搓、揉、捏、击、拉等进行治疗和保健的方法。道教认为按摩可使气血通畅，驱除邪淫，从而达到祛除疾病、聪耳明目、舒筋健骨的作用。另外，还有一些常用的自我生理调节之法，如叩齿、漱液、握固、咽津等，也每每融合到前面提到的其他功法中。

当然，在道家和道教看来，养形只是基础，养神才是主导。通过养形固身，保养精神，最终达到"形神相亲，表里俱济"，可以说是道家及道教共同的追求，其诸多的养生理论和养生功法对后世都产生了深远的影响。

3. 全性保真

全性保真是杨朱的代表性观点。《淮南子·氾论训》："全性保真，不以物累形，杨子之所立也，而孟子非之。"所谓"全性"，即保全和顺应自己的自然之性。比如一个人的性格豪爽，说话大嗓门儿，那就不必要求自己捏着嗓子小声说话；喜欢吃各种美食，就做一个美食家去品尝天下美味。"丰屋美服，厚味姣色"，既为人性所喜，且不妨享用以畅情达意，享受生活的悦乐之情。这可以说是一种"厚生"的观念，用老百姓的话说就是"别亏了自己"。可是，人心好利，欲望无限，若仅主全性之说，很容易发展为享乐主义和纵欲主义。因此，讲全性，一定要同时强调保真。"保真"就是要辨识并葆有自己的真性，葆有生命的核心价值。声色嗅味等欲望的对象当然会构成对内心的吸引，但要认识到它们存在的价值主要在于资养生命。如果贪得无厌，纵欲无度，反而会为外物伤生，结果反而是背离了这一价值。因此，保真可以理解为对全性的一种制衡。

后来的道教对全性保真又有进一步的解读，将其作为清修的基本守则。道教认为人之"性"有天赋之性与气质之性，"命"有形气之命与分定之命。"全性"所指的"性"乃是指天赋于人的纯真、善良、朴质之心性。在道教看来，先天性命由道直接化生而来，它离道更近，更能体现道性，是人生存在的真性、元性、本性，所以先天性命才是真性命；相反，后天性命是由先天性命派生而来的，而且是先天性命的异化，它们有一种背离先天性命的倾向,其发展甚至会对先天性命产生危害,所以后天性命是假性命。当然,假性命并不是说后天性命是虚假的,是不存在的,而是相对于先天的真性命来说,它们是不确定的,是有害的,是要消失的。修道的基本途径就在于全先天之善性、保先天之真性。只有全性保真,才能延年益寿,有长生久视之功。

道教的全真派,尤以全性保真为其宗旨。"全真"之名,即源出"全性保真,不以物累形"。《重阳立教十五论》中第二条便要求"参寻性命",第十条要求"紧肃理性于宽慢之中以炼性",第十一条要求"修炼性命"。归根到底,所谓修行,就是全性保真,使真性不乱而达到长生的目的,这其实也是绝大部分道派的基本宗旨。

二、清心寡欲

1. 五色令人目盲

欲望是人生而具有的,就像荀子说的,乃"生之所以然,不事而自然"的人之本性。对于一个生命存在来说,对欲望的追逐和满足往往是延续其生命存在的基本条件,因此具有天然的合理性。饥而欲食,渴而欲饮,寒而欲衣,都是人再自然不过的本能需求;目好色,耳好声,口好味,这些也是出于人的情性,也是营身卫生之道。然而,欲望有一种特性,就是盲目地求满足,若无一定的限制和制衡,很容易产生相应的社会问题:"人生而有欲,欲而不得,则不能无求;求而无度量分界,则不能不争;争则乱,乱则穷。"(《荀子·礼论》)对此,荀子的解决方案是用"师法之化,礼义之导"来化性起伪,一方面以外在的框范来制约人的欲望,一方面通过教育将社会化的规范体系内化为人的道德意识,从而导善去恶,维护社会秩序的正常运行。

同样的问题,道家的思考起点却不是社会秩序和道德,而是个体的本真价值。一般人往往只看到欲望满足的愉悦,老子却从另一个侧面看到了欲望的危害:"五色令人目盲,五音令人耳聋,五味令人口爽,驰骋畋猎令人心发狂,难得之货令人行妨。"(《道德经·第十二章》)人们往往不断追求更高的感官刺激,比如人们的眼睛都喜欢缤纷的色彩,但长久迷失在里面,就会失去辨别颜色的能力;有人每天都戴着耳机沉浸在音乐里,时间长了,也会失去辨别音色的能力;山珍海味吃久了,也就不再觉得像一开始那么好吃,口味的鉴别力会大打折扣("爽"就是失的意思);纵横驰骋于山野嬉游狩猎,会令人极其刺激,久了,心就会变得狂野,在家里总静不下来;整天关注那些价值昂贵的珠宝名牌,又买不起,最后说不定就会铤而走险,做出出格的事情。在老子看来,物质层面带来的快乐都是很直接地作用于人的感觉器官的,但随着刺激的加深,人的感受力反而在降低,而快乐的阈值却在提高。对物欲享受的追求事实上是没有尽头的,最终的结果往往是对一切刺激的麻木,并不能给人带来真正和长久的幸福与快乐。

对于人这一价值主体来说,确定不同价值对象的逻辑次序相当关键,因为这会决定其行为取舍。因此老子追问道:"名与身孰亲? 身与货孰多? 得与亡孰病? "(《道德经·第四十四章》)由于老子认为欲望的膨胀往往会造成对身心的危害,因此应当自觉地"见素抱朴,少私寡欲",这样反而能够保全自己最本真的价值。

"见素抱朴"就是回到最朴素的本真状态,以最富有感受力的心灵去面对这个世界,体会生活中的每一个细节,体会你真切的味觉、听觉,还原生活的本初状态。在这种素朴的状态下,一粒粮食的味道,一杯泉水的清甜，一朵野花的芬芳和娇艳，都能给心灵带来巨大的欣悦。老子亟言"复归于婴儿"，也许正是想留住这种生命的敏感度，避免陷入只有不断提高刺激强度，才能获得短暂的相对满足的欲望陷阱中去。

2. 以理遣欲

欲望既然是人的本然之性，且欲望的满足往往会给人带来快感，那么作为个体，对欲望的节制和约束又何以可能？当然，从社会秩序的建构和维护层面而言，往往会通过外在的约束和惩罚措施来对社会个体的欲望和行为边界构成范导，但这会给个体的存在带来严重的受限感。解决问题有两个维度：一是恣情纵欲，毁弃礼法，但这会带来个体与社会关系的破裂，带来严重的社会后果；二是通过确立一种高于欲望的价值标的来置换欲望的中心地位，将人置于一种价值取舍的环境中，基于对人的理智的信念而期待实现对欲望的自发超越。当然，对于这种更高的价值的设定可以有不同的方向，但包括儒释道等诸家，其思想逻辑在这一点上则不无相通之处。

魏晋时期，天才的思想家嵇康明确提出以理遣欲之说，已然对此思想逻辑有了充分的思考。嵇康虽然力主"越名教而任自然"，提倡对礼教的超越，但他并没有走向恣情纵欲这条道路上来。"越名教而任自然"只是说不要把外在的社会规范当作行为的出发点，而是要归乎自身；归乎自身也不是归于自身的欲望，而是归到自身的本真价值上。这个本真价值首先是生命的延续，同时也包括生命的质量。这是很典型的道家式思考方式。虽然嵇康反对"抑引""扰逼"人之自然愿欲，并主张恣情纵欲，但他是极力主张去欲的。虽然他曾谈到"人性以从欲为欢"，也承认人生而有情，但他认为，情欲害人，被物欲所累是人不得真正自由的原因。他说:"夫嗜欲虽出于人,而非道之正。犹木之有蝎,虽木之所生,而非木之所宜也。故蝎盛则木朽,欲胜则身枯。然则欲与生不并久,名与身不俱存,略可知矣。而世之未悟,以顺欲为得生,虽有厚生之情,而不识生生之理,故动之死地也。"(《答难养生论》)嵇康把欲望比喻为树木里的蝎子,它虽是木之所生,但却妨害木的生长;同样,嗜欲虽出于人,但如果放纵之,则会危害人身。因此,欲不可顺,更不可纵,否则会"动之死地"。

那么,欲是否可禁呢? 也不行。如果强行来约束甚至消灭情欲,结果往往会带来人性的扭曲,且会积累更大的负面能量。因此嵇康主张"以智遣情""以理化欲",即从人的理性自觉出发主动地抛弃过多的欲望。他说得很明确:"知名位之伤德,故忽而不营,非欲而强禁也;识厚味之害性,故弃而弗顾,非贪而后抑也。"(《养生论》)懂得名利、地位、美味佳肴对生命的负面意义,所以轻视而不去追求,抛弃而不眷恋,并不是心中贪恋而在行动上强行压抑克制。这里的"知",显然是一种基于理性、智性而引出的判断。在把感情和欲望从名教的藩篱中解放出来以后,嵇康又基于对人类理智的信心,主张通过对欲望"以至理遣之,多算胜之"(《答难养生论》)的理性方式加以化解,从而达到"清虚静泰,少私寡欲"的状态,以实现对生命的呵护。这是以人自身为基点,本于对生命价值的充分认同,从维护人自身的最高利益——呵护生命出发,把"涤情荡欲"的主动权交给了人自身,托付于人的理性智慧。

3.损之又损

宋明理学中有句影响很大的话,叫"存天理灭人欲"。这是朱熹理学思想的重要观点之一,他讲:"圣人千言万语,只是教人存天理,灭人欲",

"学者须是革尽人欲，复尽天理，方始为学"（《朱子语类·卷四》）。那么究竟什么是天理，什么是人欲呢？对于这个问题，朱熹曾讲："饮食，天理也；山珍海味，人欲也。夫妻，天理也；三妻四妾，人欲也。"（《朱子语类·卷十三》）这个意思很明确，就是说，人的正常生理欲望，比如要吃饭，要娶妻生子，其实是天然合理的，是为天理；而欲望的过分膨胀，比如要顿顿山珍海味，家里要三妻四妾，则属于过分的要求，可归于人欲的层面。由于人欲往往是恶的发端，因此朱子力主灭之。当然，这个"灭"的发起，缘乎人的道德心，而其生成则本乎人之"善端"而成于"学"。

这个"灭"字，在老子的话语系统里，则称之为"去"。老子有"三去"之说，即"去甚、去奢、去泰"（《道德经·第二十九章》），也就是去除那些极端的、奢侈的、过度的欲望和行为。这种对欲望的过分追求，嵇康称之为"智用"："今不使不室不食，但欲令室食得理耳。夫不虑而欲，性之动也；识而后感，智之用也。性动者，遇物而当，足则无余；智用者，从感而求，倦而不已。故世之所患，祸之所由，常在于智用，不在于性动。"人的本真自然的欲求，其实是非常有限的，如庄子所云，"鹪鹩巢于深林，不过一枝；偃鼠饮河，不过满腹"（《庄子·逍遥游》）。事实上，人对物质的依赖并没有那么多，消费力也有限。嵇康就曾讲，你吃饱后就是再给你满满一桌子好菜，你也会"释然疏之，或有厌恶"（《答难养生论》）。事实上，"衣食周身，则余天下之财，犹渴者饮河，快然以足，不羡洪流"（《答难养生论》），人的需要和物质财富的价值关系本质上不外如此。过度的物质需要其实是一种虚假的需求，它会对人的真正价值构成某种程度的遮蔽。当你不断追逐财富，存折上的数字不断增加，房子越买越大、越多，车子越来越豪华，最后反而往往会发现幸福感并没有增加，并没有真正找到自己想要的生活，就像嵇康说的，"今居荣华而忧，虽与荣华偕老,亦所以终身长愁耳"(《答难养生论》)。显然,这背离了人更重要的价值。

当然,就"性动"的层面讲,其具体的边界也是难以量化的。也就是说,如果把一个人的基本生活需求收缩到一个最小值,由于不同人的地位、生活背景存在很大的差别,其认识显然也会有不同。但不管如何,对欲望的损之又损都可以理解为成己之正途。损之又损,以至于"革尽人欲",则必离道不远矣。

三、存养之道

1.养内与养外

《庄子·达生》中讲了这样一个故事:鲁国有个叫单豹的人,隐居在深山里,不与世人交接,年过七十了脸色还像小孩子一样。可是不幸遇到饿虎,被老虎吃掉了。还有一个人叫张毅,居住在城里,上上下下的社会关系都搞得很好,属于八面玲珑的人物。可是由于思虑过多,刚过四十就病死了。庄子评价说,单豹这个人可谓善"养内"者,也就是说心理处理得很好。由于不和世人打交道,内心单纯而宁静,所以气旺神足。但是人毕竟是社会性的存在,需要向外借助他人来拓展自己的力量。避世而居固然避免了复杂的社会关系的烦扰,但也丧失了社会力量的支援——仅靠一己之力甚至无法对付一只饿虎。因此单豹可谓不善养外者,其人生悲剧也由此酿成。

如果致力于"养外",则存在着另外的隐患。人际关系网络的建构其实是要耗费大量时间精力的,有时候在人际关系的夹缝中会左右为难,要么得罪这方,要么得罪那方,很难兼顾。因此要维护八面玲珑的社会关系,往往会承担巨大的心理压力,这对内在的心理健康来说显然是极其有害的,张毅四十猝死也正与此有关。庄子最后总结说,"豹养其内而虎食其外,毅养其外而病攻其内",两人皆可谓有所偏颇。

对于单豹和张毅的故事,魏晋的嵇康也有一定的认识。其《答难养生论》中就提到:"人若偏见,各备所患。单豹目营内致毙。张毅目趣外失中,……此皆不兼之祸也。"事实上,要在社会上生存,不仅要能养内,也要能养外,是为"兼养"。但兼养说来容易,却并不容易做到,因为二者之间实际上存在着一定的冲突。"养外",则不免于积心处虑,交接于变化万端的世俗人情,患于得失,疲于应对,则专静寡欲就不那么容易得到了。"养内",则须从性之所由,本心之所安,适意之所洽。而照此以行,又往往伤"养外"之旨。如此则"不有外难,当有内病"(《与山巨源绝交书》),以庄子之言称之,即不有"阴阳之患",则有"人道之患"(《庄子·人间世》),而总难两全。

对此,庄子的解决办法是"行事之情而忘其为身"(《庄子·人间世》),即要"无己",泯除物我之别,以"坐忘"的方式与物混同。一方面获得心理的混沌式满足,以安其内;同时又能使"物无害者",而安其外,如此即可身心交养,取兼全之功。

2.有用与无用

庄子非常善于用寓言来表达自己的观点。在《庄子·人间世》中,他又讲了一个故事:有一个姓石的木匠到齐国旅行,途中发现了一棵粗至百围的栎树。这棵树被当地人视为神木,受到虔诚的供奉。人们为了要参拜大树,络绎不绝地来到此地,热闹得好似集市。石木匠的徒弟,屏住呼吸,浑然忘我地欣赏着这棵大树。可是,出人意料的是,石木匠不但不驻足仰望,反而加紧脚步走过。徒弟赶上了他后,问道:"师傅,跟随您学艺这么久了,还没见过这么好的木材,师傅竟然看都不看。这到底是为什么啊?"

石木匠回答说:"别说了,你不懂啊。那棵树可以称为'散木',属于没有什么用的材料。造船会沉,制棺速朽,做家具则容易变形,做门窗屋柱什么也不行,还容易招虫蛀,可以说一无所用。正是因为它无用,人们才不会去砍它,所以才长得这么高大啊!"

石木匠旅行归来后,那棵大树出现在他的睡梦中,并对他说:"你凭什么说我不中用?你一定是拿我和有益于人类的树木相比较。当然,像梨树、柚子树,以及其他会结实的果树,的确对人类有益。可是,就因为那些树会结实,所以才会受辱似的任人摘取,甚至折断树枝,活活地扼杀了它们的生命。而现在许多人,竟然愚蠢到努力地要使自己成为有用!可我是与众不同的啊,我一直在努力让自己做个无用的存在。的确,对你们来讲,我是无用的;可是对我本身而言,却因此而没被砍伐,活了下来。你又有什么权利站在你的立场上说我没用呢?"

故事讲完了,其实道理也就清楚了。其实,有用无用的问题本质上是一个价值问题。价值涉及到主客体之间需要与满足的关系。从不同的价值主体和不同的角度出发,对一个对象的价值评价往往会有很大的不同。比如《庄子·逍遥游》里就提到,魏王送给惠施一粒葫芦种子,惠施种下后收获了一只硕大的葫芦。可是太大了,装酒做瓢都不合适,惠施就以为它没什么用而打算把它捣碎。庄子说,干嘛非得做瓢啊,把它捆在腰间渡江不也挺好吗?这就叫价值视角,它其实是相对而多元的。另外,如果将个人作为价值客体,其价值主体往往被定义为社会,且往往从此人对社会贡献的大小来评价其价值的大小;但若以此个人为价值主体,他的存在本身就对他构成最优先的价值——因为生存就是一种本能,且是其所有其他价值的前提。庄子正是看到了这一点,所以才将此称为"大用"。当然,对社会和他人如果完全无用,恐怕也很难维持其生存。因此,实际的选择倒不妨定位在有用与无用之间。如《庄子·山木》说:

庄子行于山中,见大木,枝叶盛茂,伐木者止其旁而不取也。问其故,曰:"无所可用。"庄子曰:"此木以不材得终其天年。"夫子出于山,舍于故人之家。故人喜,命竖子杀雁而烹之。竖子请曰:"其一能鸣,其一不能鸣,请奚杀?"主人曰:"杀不能鸣者。"明日,弟子问于庄子曰:"昨日山中之木,以不材得终其天年;今主人之雁,以不材死。先生将何处?"庄子笑曰:"周将处夫材与不材之间。材与不材之间,似之而非也,故未免乎累。若夫乘道德而浮游则不然。无誉无訾,一龙一蛇,与时俱化,而无肯专为;一上一下,以和为量,浮游乎万物之祖;物物而不物于物,则胡可得而累耶!"

人世而为人所用,是为"材";出世而无用于世,是为"不材"。"材"则有累,"不材"则无存身之基,两者皆有累。因此不妨"处乎材与不材之间",是谓"游世"。在乱世之中,这也算是一种有弹性的存身智慧吧。

3. 遗生与存生

命运总是喜欢和人开玩笑。当你认识到了生命的价值之后,当然会倾心关注并存养它。可是当你把生命奉为最高价值时,你也难免会发现,这个价值其实并不是自己能完全说了算的——这真让人痛不欲生。对此,《列子·力命》讲得可谓意味深长:

生非贵之所能存，身非爱之所能厚；生亦非贱之所能夭，身亦非轻之所能薄。故贵之或不生，贱之或不死；爱之亦不厚，轻之或不薄。此似反也，非反也；此自生自死，自厚自薄。或贵之而生，或贱之而死；或爱之而厚，或轻之而薄。此似顺也，非顺也；此亦自生自死，自厚自薄。鬻熊语文王曰："自长非所增，自短非所损。算之所亡若何？"老聃语关尹曰："天之所恶，孰知其故？"言迎天意，揣利害，不如其已。

意思是说，生命不是因为尊贵它就能长久存在，轻贱它就能夭折；身体也不是因为爱惜它就能壮实，轻视它就能孱弱。有时候甚至还有相反的情况，比如许多老人特别关注自己的身体，整天担心自己生这病生那病，三天两头去医院查体，查不出来还说人家仪器不够好。没事就弄各种补品吃，看见什么养生偏方就兴奋，能试的都试一遍。结果没多久，他终于"如愿"地病了。而有的人呢，原来甚至得了不治之症，医生都说活不了几个月了。人家也没当回事儿，该吃吃，该喝喝，出去游山玩水，自在洒脱。过了两年，还是活蹦乱跳的，去医院一查，嗬，没事儿了。这用庄子的话，可以说是一种"吊诡"。因为对于维护生命而言，人的精神和心理状态其实是非常重要的。《庄子·刻意》就讲："平易恬惔，则忧患不能入，邪气不能袭，故其德全而神不亏。"人如果过分关注自己的健康，悬思牵念，也就很难获得"平易恬惔"的心境，反而不利于健康。因此，合理的选择应该是在观念上对此有所超越，有意去淡化对生的关注。嵇康《养生论》里面有句话，叫"忘欢而后乐足，遗生而后身存"，讲的正是这个道理。因为只有不过分地寄情于生，才能造就更适合于延续生命的自然心境。嵇康《琴赋》里提到的"齐万物兮超自得，委性命兮任去留"就是这种心境的表达。这种对生命的超脱心态恰恰是养生所必需的，所谓"任去留"式的"遗生"其实是遗而未遗，甚至于反成了"养"的一种方式。于是我们看到，"遗生"与"养生"竟在这个困境处奇妙地融而为一，便似"棋由断处生"，断而不断，不断反断，理论和现实有时就是这么折转萦回、耐人寻味。

第七章　乘物以游心——道家的治心之道

一、知命安时

1.乐天知命

民间有句老话,叫"人生不如意事十之八九"。那人生为什么会有这么多不如意的事呢? 原因主要是,人受的限制太多,有太多事是人力无法干预的。比如一个人什么时候出生,什么性别,出生在哪个家庭等等,这人自己肯定说了不算,这可以称为"天"或者"命"。孟子说:"莫之为而为者,天也;莫之致而至者,命也。"(《孟子·万章上》)没人要这样,但就这样了,这就是天命。命其实表达了人生中的非选择性的方面。对于这个领域,人力很难干预和决定。《列子·力命》中形象地设定了"力"和"命"这两个角色的对话:

力谓命曰:"若之功奚若我哉? "命曰:"汝奚功于物而物欲比朕? "力曰:"寿夭、穷达、贵贱、贫富,我力之所能也。"命曰:"彭祖之智不出尧、舜之上,而寿八百;颜渊之才不出众人之下,而寿十八。仲尼之德不出诸侯之下,而困于陈、蔡;殷纣之行不出三仁之上,而居君位。季札无爵于吴,田恒专有齐国。夷、齐饿于首阳,季氏富于展禽。若是汝力之所能，奈何寿彼而夭此，穷圣而达逆，贱贤而贵愚，贫善而富恶邪？"力曰："若如若言，我固无功于物，而物若此邪，此则若之所制邪？"命曰："既谓之命，奈何有制之者邪？朕直而推之，曲而任之。自寿自夭，自穷自达，自贵自贱，自富自贫，朕岂能识之哉？朕岂能识之哉？"

"力"代表了人的努力，希圣希贤、成仁成德，和人的努力当然有直接关系，但一个人的寿夭、穷达、贫贱、富贵却是自己决定不了的。虽然可以像孟子那样把核心价值定位在"求则得之"的"在我者"，即自己能够掌控的范围，从而把人生价值实现的主动权掌握在自己手里；但生死贵贱这样的价值对常人而言当然也极为重要，若其得失不由自己掌控也难免于意难平，是以有"人生不如意事十之八九"之叹。

然而，从道家的角度来看，这个"不如意"的判断却极大地伤害了人的本真价值，因为要事事如意本身就是一种过分的企图。"今之大冶铸金，金踊跃曰'我必且为镆铘'，大冶必以为不祥之金。今一犯人之形，而曰'人耳人耳'，夫造物者必以为不祥之人"。(《庄子·大宗师》)金属在被打成刀剑的时候不能要求自己成为什么名剑，因为那是匠师的事；人则是自然这位"大匠"的作品，当然也无法对自然会如何塑造自己提出要求。"死生存亡，穷达贫富，贤与不肖毁誉，饥渴寒暑，是事之变，命之行也"。(《庄子·德充符》)作为人，只能听之任之，最好的态度是"知其不可奈何而安之若命"(《庄子·人间世》)。这里最耐人寻味的是这个"若"字，因为对一般人来说，"命"如果意味着一种客观的先在性而无法选择，那也只好接受它；但生活中的有些内容似乎又和自己的行为有关，虽不能完全决定，可又有一定影响。对于这一类事情，若出现不好的结果，人们反而更不容易接受。但庄子的意思很明确，只要不可奈何，且当成命去接受就好了——接受则心安，心安本身才是更大的价值。领悟到人生的本真价值，才算是了解到生命的真谛，也才是真正的知命。

2. 安时处顺

人生不仅受限于必然性，也充满了偶然性。必然性提供了一个成住坏空、生老病死的大框架、大格局，而偶然性则永远以出人意料的方式介入这个框架，使人生增加了许多变数。作家史铁生曾经写过一篇文章叫《宿命》，讲一个刚刚获得出国留学机会的意气风发的年轻人，某天晚上看完一场歌剧骑车回家，结果轧到一个茄子摔倒在马路上，一辆大货车刹车不及而将他的腰椎骨撞断，从此终身残疾——当然，他本来充满诗意的人生也就此改变。后来他对自己的遭遇进行了反思：在离出事地点大约二百米远的时候，他遇见了一个熟人，两人打了个招呼，他当时捏了一下车闸，大概耽误的时间是一至五秒。因此他设想，如果不是在那儿与这人耽误了一至五秒，也许他就不会被车撞上。当然，他的思绪又不断向前推演，发现有无数个环节的一丁点变化都有可能改变这场悲剧——可悲剧就这样发生了。他当时当然痛不欲生，他愤慨、痛恨、悲哀，可一切都于事无补。后来他明白了，人生无法讨价还价。他开始写作，后来成了一名很有成就的作家。

有太多人充满着对生活的愤怒，讨伐命运的不公，但其实这正是不通万物之情。其实正如庄子所说的那样，"死生，命也，其有夜旦之常，天也。人之有所不得与，皆物之情也"。(《庄子·大宗师》)世界万物的运行有它自身的规律，许多事是不依人的意志为转移的——有了这一理解，才能消解更多无谓的痛苦。《庄子·养生主》中讲到老子死时，他的朋友秦佚来吊唁，哭了两嗓子就走了。别人批评他，他却说那些痛哭不已的人是"遁天倍情，忘其所受"。在秦佚看来，一个人偶然来到世间，这是他顺时而生；偶然离去了，这是他顺时而死。如果能够"安时处顺"，即安于时运而顺应自然，那么一切哀乐之情就不能进入心怀。当然，对于不能理解这一切的人来说，则难免痛苦愤怒不已。冯友兰先生在《中国哲学简史》中曾举过一个例子来说明这种情况：天下雨了，小孩子不能出去玩，就在家里一直发脾气闹别扭；但大人对外面下雨而不能出的情况则不会有这么大的情绪反应，因为他对此有更多的理解——理解往往是接受的基础。

《庄子·秋水》还讲了一个故事：孔子周游到匡地时，被卫国人包围了，可是孔子弹琴唱歌，泰然自若。子路入见孔子，问他："情势这么危急，先生怎么还能乐得起来？"孔子说："来，我告诉你！我遭受困窘也不是一天两天了，可是始终不能免除，这是命啊。我一直想有所作为，也没能如愿，这是时运未济啊。在尧、舜的时代，天下没有一个困顿潦倒的人，并非因为他们都才智超人，是他们遇到了好时候；在桀、纣的时代，天下没有一个通达的人，并非因为他们都才智低下，那都是时势使然。作为一个通达的人，要懂得一个人的穷通都和时命相关，这样才能临大难而不惧，做到随遇而安。"

明人陈继儒《小窗幽记》中有一联，将这种心态表达得非常形象：

宠辱不惊，看庭前花开花落；去留无意，望天上云卷云舒。

3.明辨天人

虽然人生的遭际往往可以归于命运，但人毕竟是一种有思考力和行动力的存在,往往会以某种方式构成对自然的介入,从而对自然有所改变。那么,究竟应该委顺自然,还是努力去改变自然、改变命运呢?对此,庄子是肯定前者的,主张"无以人灭天,无以故灭命"(《庄子·秋水》);而荀子则力主后者,强调要"制天命而用之"(《荀子·天论》),且批评庄子"蔽于天而不知人"(《荀子·解蔽》),认为他没有看到人的力量。其实,庄子对这一问题有着非常深入的思考。他讲:"知天之所为,知人之所为者,至矣。"(《庄子·大宗师》)意思是说,明辨天人可以说是认识的极点,因为有时候区分二者是很困难的事。一般来说,"牛马四足,是谓天;落(同"络")马首,穿牛鼻,是谓人"(《庄子·秋水》),牛和马天然就长了四条腿四个脚,这是天然的或者说自然而然的,是"天"的方面;牛本来鼻子上没有环,马头上没有笼头,但人通过这种方式役使它们,改变了它们的存在状态,这是人为后天的介入,是"人"的方面。但如果换一个角度思考,人力对自然的介入固然可以视为"人"的方面,但改变自然不也可以理解为人的天性吗? 人去改变自然就像狮子要吃羚羊一样体现着他天然的本性。所以从这种意义上说,"庸讵知吾所谓天之非人乎? 所谓人之非天乎? "(《庄子·大宗师》)

其实,庄子区分天人,主要是想确立一个价值的重心。只有将自然和命运控制的地盘与自己能够掌控的地盘有一明确区分,才能确立人生致力的方向和价值的支撑点。《庄子·达生》:"达生之情者,不务生之所无以为;达命之情者,不务知之所无奈何。"也就是说,人要把注意力放在人的智识和努力能够掌控的方面,至于自己决定不了的,就随它去吧,接受倒是更好的态度。其实对此孟子也有一个近似的认识,他把人的价值追求对象分为两种,一种是"求则得之,舍则失之;是求有益于得也,求在我者也",一种是"求之有道,得之有命,是求无益于得也,求在外者也"

（《孟子·尽心上》）。前者只要自己努力寻求就能得到它，舍弃就会失掉它，决定权在自身；后者要想得到也有一定的方法，可能否得到却不确定，要看时命如何，自己有没有那个运气。比如想发大财，有没有方法？当然有，去做生意，做实业，搞发明创造，都有可能。但最终能否如愿，就不好说了，也可能血本无归。因此，如果把类似发财这样"求在外者"的目标当作人生最大的追求，显然是一种不靠谱的人生，因为很可能"终身役役而不见其成功"，如此则生命的价值也就陷于虚无。因此，孟子和庄子都主张把生命的终极追求设定在己力可以掌控的领域。这样，只要你愿意，就一定能够实现自己想要的价值，可以说是一种"稳稳的幸福"。只不过，孟子选择了"仁义忠信"这样的道德追求，而庄子则将"欲不欲，求不求"这样的境界形态设定为自己的追求，具体的路向上又有一定不同，但他们对天人的明辨意识则是一致的。

二、无待逍遥

1. 小大之辩

若论治心之说，道家系统中对此讨论最为系统的乃是庄子。庄子文风汪洋恣肆，又善以寓言譬说，往往能把很复杂的道理讲得既简明又有趣。比如《庄子》之首篇《逍遥游》上来就讲了一个奇特的故事：

北海里有一条鱼，名字叫鲲。它真大啊，不知道有几千里。后变为鹏鸟，这鹏鸟也是大得无法想象，当它努力飞举的时候，翅膀就好像挂在天边的云彩。这只鸟想要飞到南方的大海去，可是它太大了，一定要等到刮起巨大的旋风才能借助风势飞起，而且每拍动一次翅膀都要耗费巨大的能量。

小鸟们就讥笑鹏说："就在家门口飞来飞去不也很好吗？我们奋力飞起，碰到个树枝就停下站一站；有时飞不动，落在地上就是了。何必要飞九万里到南海去呢？"

这个故事，后来被总结为一个成语，叫"燕雀安知鸿鹄之志"，人们往往把燕雀当成了嘲笑对象，其实只是把这个寓言单向度地解读了。事实上，这个在思想史上被称为"小大之辩"的故事有很大的讨论空间，而其主要指向的乃是人生意义和人生价值的建构问题，我们且慢慢道来。

先从"逍遥"说起。"逍"其实义近于"消"，即消除人生之目的性。所谓"有求皆苦，无求乃乐"。苟无所求，则所求皆得，也就能做到无地不乐了。世人之所求多为功名利禄，这些都是"有待"的，即有条件性，求也不一定能得到。而且即使得到，前欲方足，后欲又至，念念相续，终无了时，也不免疲役而不知所归。所以消而损之，以至于无为。不以所为系其心，自然也就没有负累。小鸟无远志，因而自在闲适；大鹏有远图，不免苦心劳身，这是一层意思。

但如果没有任何追求，生命也就丧失了一种价值支撑，从而也就走向意义的虚无。当一个人"什么也不想做"时，其实往往意味着其是处于一种无聊、乏味的消极状态。因此，人其实是需要某种"目标"的，只是不能把"知之所无奈何"的"在外者"当作目标。"逍"或"消"指向的其实就是世俗化的功利目标。但于此同时，人生还必须有一种超越的、高远的目标挈领起人生的意义指归，"遥"就是用来描述这种目标的一个概念。"遥"者，远也。人作为意识性存在，终不能无求，而所求之物则各异。众人所求的多为切身之物，不免利害相系，得失扰心。而在庄子看来，即便不能无求，所求者也应超拔世外，寄意玄远，不干利害，所以才能游心而不忧。老子云："吾所以有大患者，为吾有身。及吾无身，吾有何患？"(《道德经·第十三章》)身是我们所不能不有者,然而可以淡化以搁置它,转念于天地无穷,则可脱肉体之束缚而超拔其精神。肉体处处皆受限制,而精神则可游乎无待。所谓"寂然凝虑,思接千载;悄焉动容,视通万里"(《文心雕龙·神思》),这正是精神之优长之处。

再回头来看小大之辩。小鸟虽无大志,但也求一身之安适,能吃饱肚子到处转转,而这其实也是有待的。大鹏之志不可谓不远大,然相较于海天之无穷,亦"若是则已矣"。人之所见者小,故有世俗纷争;若知天地之外有如许世界,自视其身则不过沧海一粟罢了。王船山《庄子解》说:

> "寓形于两间,游而已矣。无小无大,无不自得而止。其行也无所图,其反也无所息,无待也。无待者:不待物以立己,不待事以立功,不待实以立名。小大一致,休于天均,则无不逍遥矣。"

2.无功、无名、无己

还从"逍"说起。庄子讲的"逍"(消)有破执的意义,所谓不破不立,核心其实正在于价值观的建立。世人之追求,往往在于建功立业,声名显扬,如管仲就自称"不羞小节而耻功名不显于天下也"(《史记·管晏列传》)。那为什么要立功名呢? 这个原因比较复杂。从世俗的角度讲,一则功名往往和富贵相衔,拥有功名富贵也就意味着可以占有更多的社会资源,从而能更充分地满足自己的欲望。然而如前所论,道家对欲望的危害早已洞若观火,力主少私寡欲;而且庄子还注意到,社会资源的占有者未必能够从这种占有中得到受用:"夫富者,苦身疾作,多积财而不得尽用,其为形也亦外矣。夫贵者,夜以继日,思虑善否,其为形也亦疏矣。"(《庄子·至乐》)富人们是有花不完的钱,可往往每天忙得脚不沾地,甚至没时间和家人吃顿饭;做官的许多整天都在想着怎么能出政绩,怎么处理各种关系,操心多了甚至连睡觉都睡不好,其实这都意味着价值的异化。

从另一个角度讲,人们对功名的追求还是超越生命有限性、追求不朽的一种方式。《左传·襄公二十四年》载,叔孙豹在回答关于范宣子关于"死而不朽"的问题时提到有三种不朽方式:"立德""立功""立言"。立德"即树立一种人格,当后世的人们想到或提到一种德行时会本能地与其建立起关联,比如岳飞之忠勇;"立功"更偏重实体功绩的建立,比如李冰修建了都江堰,可谓功济于时,可传后世;"立言"即提出具有真知灼见的言论,或著书立说,传于后世。它们的共同点都在于追求某种"身后之名""不朽之名",即通过创造一种更具永恒意义的价值来实现对个体生命有限性的超越。

这说来虽不难理解,可在庄子看来,追求不朽本身就是对自我过分重视的结果。在庄子的观念中,主体人格可以分为两个层次:大我和小我。前者是与道合一的我、自然的我、开放的我,后者是跟不上道的脚步的我、自私的我、偏执的我。在《齐物论》中南郭子綦就自称"今者吾丧我",这里的"吾"就相当于前者,"我"就相当于后者。如果能够做到"无己",即去除小我,那么吾之存在本身就是不朽的。"浸假而化予之左臂以为鸡,予因以求时夜;浸假而化予之右臂以为弹,予因以求鸮炙;浸假而化予之尻以为轮,以神为马,予因以乘之,岂更驾哉!"(《庄子·大宗师》)翻成现代文就是,假如造物者把我的左臂变成鸡,我就用它司夜;把我的右臂变为弹弓,我便用它来打斑鸠做烧烤;假如造物者把我的臀部变为车轮,把我的精神变成骏马,我就用来乘坐,难道还要更换别的车马吗? 这也就意味着,假令不执着于自己的存在,那么无论成为什么样的存在,你的存在都会在——无己,也便处处有己。

3. 自适其适

在存在的超越性这个问题上,应有"无己""丧我"这样的超拔之心,才能不为自我所囿而与更永恒的存在相通,遂相应获得永恒的意义。不过,就当下而论,这个"我"却是切切实实的存在。喜怒哀乐、忧愁困苦,诸般生活状态都与这个"我"密切相关。因此,就这一生的展开而论,必须好好地关照这个"我"。

自我的形成问题其实是个很复杂的问题,当然,也可以将其简单地归结为"自然"或"天性""本性"——每一次自我反省的当下,我们的自我已然是一个先在的事实,我们固然可以从这个事实出发来考量自己此后的生活,不过也可以追溯到更早的时期,追想自己最原初的愿望和梦想——这也许能帮助我们找回真正的自己。

人人都生活在社会之中,社会习俗、传统观念、周围人们的生活态度,都会影响到自己的价值选择和生活方式。在长期的社会熏习中,人的天性很可能被来自社会的力量所遮蔽和扭曲。《庄子·马蹄》中就以马为喻来对这种社会现实进行了揭示:马本来逍遥于天地之间,饥食芳草,渴饮甘泉,风餐露宿,自得其乐。在无拘无束中,方为真马,不失龙腾虎跃之气。可是人在马嘴里塞进铁链,马背上压上鞍鞯,怒之则加以鞭笞,爱之则饲以香豆,时间长了,马往往也就迷失了自己的本性,以为服从主人就是自己的天职,而遗忘了自己原本的那种自由天性。

人在社会中也是如此。很多人的价值观念往往受他人的好恶影响甚至决定,用老百姓的话说,是为他人活着的,而从没为自己活过。庄子将其称之为"适人之适而不自适其适"(《庄子·骈拇》)。事实上,自己才是真正的价值主体,对于自己的价值选择应有充分的决定权。有句话叫"走自己的路,让别人去说吧",其实也是表达的这个意思。当然,这个"自己",从道家的角度看,其实是一个偏理性的主体,而不是一个欲望的主体。在进行价值选择时,要有对自己的充分认知和审慎的思考。

首先要充分认识自己的天性。嵇康就说,"性有所不堪,真不可强",又说:"直木不可为轮,曲木不可为桷"(《与山巨源绝交书》),认为性各有所适,因而人们应顺应之,而不能违心地去做不合本性的事,否则就会"诡故不情"(《与山巨源绝交书》),"或牵于外物,或累于内欲"(《家诫》),造成主观意愿与行为的分裂。而只有循性以明志,守志而笃行,内在自我、意识自我和行为自我才能融而为一,达到"醇白独著"的境界。

从承认"性"的个体差异出发,嵇康还肯定了多元价值选择的合理性:"尧舜之君世、许由之岩栖、子房之佐汉、接舆之行歌,其揆一也。仰瞻数君,可谓能遂其志者也。故君子百行,殊途同致,循性而动,各附所安。"(《与山巨源绝交书》)也就是说,社会中的每个个体都有按照自己的个性特点选择自己人生道路的权利。人生选择的多元性是个性差异的必然结果,强行以统一的模式去规整人们的价值选择实际上是对人性的压抑。

其实,当一个人能自主选择自己的价值观时,也就意味着他在自主选择自己的人生。社会的规则个人也许不能制定,但未必不能制定自己人生的规则——这里不妨来句广告语:"我的地盘,我做主。"

三、乘物游心

1.齐是非

当个体的生活按照自己的价值观建立起来的同时,他的观念系统也会相应地被建立和强化。经时既久,则不免形成一种观念惯性,积淀为自己对世界的认识。由于个体经验的有限性和差异性,个体间的认识差异也往往相应存在。在彼此交接时,观念的分歧就会凸显出来,而产生是非之论。但从一定意义上说,所谓的是非往往只是看问题的角度不同罢了,"彼亦一是非,此亦一是非"(《庄子·齐物论》),彼以为是,此以为非;彼以为非,此以为是,结果就会导致"自贵而相贱"的争执不休的局面。《庄子·齐物论》就举例说,人们睡在潮湿的地方就会腰部患病甚至半身不遂,但泥鳅却不会这样;人们住在高高的树木上就会心惊胆战、惶恐不安,可猿猴不会这样;人、泥鳅、猿猴三者究竟谁最懂得居处的标准呢? 人以牲畜的肉为食物,麋鹿食草芥,蜈蚣嗜吃小蛇,猫头鹰和乌鸦则爱吃老鼠,人、麋鹿、蜈蚣、猫头鹰和乌鸦这四类动物究竟谁才懂得真正的美味? 毛嫱和丽姬,是当时人们称道的美女,可是鱼、鸟、麋鹿却不会像人这样喜欢这些美女。因此,是非的标准本身就存在相对性。

庄子看到,人的认识有很大局限性,"计人之所知,不若其所不知;其生之时,不若未生之时;以其至小求穷其至大之域,是故迷乱而不能自得也"(《庄子·秋水》)。人生才奄乎百年,没生的时候则漫长得无法计算;到过的地方、看过的东西有限,而没到过的地方、没看过的东西多得不可想象。即使有些逻辑方法可以拓展人的认识,但却无法具有绝对的意义。庄子发现,人们往往很难出离自己的生活环境和所受熏习,也很难理解自己的经验背景之外的事情:"井蛙不可以语于海者,拘于墟也;

夏虫不可以语于冰者,笃于时也;曲士不可以语于道者,束于教也。"(《庄子·秋水》)可怕的是,我们往往像井底之蛙一样把井口就看成是天空的全部！这可以视为人的观念之囿,是人们很容易走入的认识误区。

庄子把人的认识境界分为四个层次:"古之人,其知有所至矣。恶乎至？有以为未始有物者,至矣,尽矣,不可以有加矣！其次以为有物矣,而未始有封也。其次以为有封焉,而未始有是非也。是非之彰也,道之所以亏也。"(《庄子·齐物论》)第一个境界是从本体层面看,着眼于万物之同,自然"眼中无物",比如你若将万物的本原视为气,则万物在你眼中不过是气而已,气和气本质上是没有差别的。第二个境界是从存有的当下看,的确有物存在,但从运动发展的过程来看,物和物之间又没有绝对的界限。第三个境界是认为事物间存在着不同的特征,存在差别,但没有是非对错好坏,各是其所是而已。而在第四个境界,开始强调事物间的是非,是此非彼,偏私的观念也就因此形成,也就离道愈来愈远了。庄子把认识的视角区分为"以物观之"和"以道观之",而力主后者。他认为,以道观之,才能超越贵贱、成毁、利害、得失、生死,不为诸多烦扰所役,使心灵处于宁静安和的虚妙之境。

2.齐物我

以道观之,着眼的是万物之同。不同的事物之间自然存在诸多分别,而且这分别可以不断细化;但若着眼于相同的方面,即使是万物,也可以化归为一。因此庄子说:"自其异者视之,肝胆楚越也;自其同者视之,万物皆一也。"(《庄子·德充符》)这是从逻辑层面讲的。如果化归到实体,则亦可称"通天下一气耳"(《庄子·知北游》),此为万物之同的实体依据。

另外,从事物的运动发展来看,由于事物处于绝对的运动变化中,"物之生也,若骤若驰,无动而不变,无时而不移"(《庄子·秋水》),因此事物间就不能划分确定的界限,而是被一个运动化的链条牵系在一起,可以一体化视之。

　　而这世上最大的分别,莫过于"我"与"物"的分别。主客二元的对立势必造成"我"和"非我"的区分,因此物与物的区别和对待易化,我与物的二分难消。作为一个双眼向外的认识主体,人们很早就认识到"我"与万物是不同的,这甚至是认识的起点——因为一旦提到"认识",便已经将"认识者"和"认识对象"区分开了。但在庄子的眼中,这二者间的分别似乎也是可以消除的。我们且来看《齐物论》篇末讲的那个著名的庄周梦蝶的故事:

　　　　昔者庄周梦为胡蝶,栩栩然胡蝶也,自喻适志与!不知周也。俄然觉,则蘧蘧然周也。不知周之梦为胡蝶与?胡蝶之梦为周与?周与胡蝶,则必有分矣。此之谓物化。

　　在主客、物我相分的状态下,梦者与被梦者有不可混淆的界限,因此我是我,蝴蝶是蝴蝶。但如果认识到"方其梦也,不知其梦也,梦之中又占其梦焉"(《庄子·齐物论》),也就使梦者和被梦者的边界在一定意义上被模糊化,主客之间也就开始混沦,这就叫"物化"。物化,就是化入物中的意思,指人与物的界限开始消失,彼此融为一体。

　　如果跳出人的惯性视角,反观一下人自身的存在,则亦可发现人在本质上与物其实也没有本质的分别。《庄子·田子方》中庄子就借孔子之口讲,"吾一受其成形,而不化以待尽,效物而动,日夜无隙,而不知其所终;薰然其成形,知命不能规乎其前",人禀气成形而为人,物禀气成形而成物,不过并为自然大化所驱而已,亦其所同处。

从这些认识出发,庄子合乎逻辑地得出了"天地与我并生,而万物与我为一"(《庄子·齐物论》)的结论,将物我的壁障彻底打通。事实上,人生的许多烦扰都来自对自我的过分关注,有"我"则不能无求,有求则必有待,有待则不得逍遥。而齐物我,也就自然无我,我即是物,物即是我,自然不斤斤于所求,诸患并释,其快何如。

3. 齐生死

既然从横向看来,物我皆气,本无本质分别;那么就纵向来看,一人之生死,亦不过是气的不同阶段的不同呈现:"生也死之徒,死也生之始,孰知其纪!人之生,气之聚也;聚则为生,散则为死……故曰'通天下一气耳'。圣人故贵一。"(《庄子·知北游》)人们往往执着于生而惧怕死,是不能从纵向上打穿,不能从永恒的视角看问题。《列子·天瑞》篇载有一个故事,讲一个年近百岁的人,叫林类,春天在田地里唱着歌拾取收割后遗留下来的谷穗,孔子就让子贡去和他聊聊。子贡说:"您都这么大年龄了,又没妻子儿女,为什么还这么快乐呢?"林类笑着说:"我所以快乐的原因,人人都有,但他们却反而以此为忧。正是因为我没有妻子儿女,现在又死到临头了,所以才能这样快乐。"子贡问:"长寿是人人所希望的,死亡是人人所厌恶的。您却把死亡当作快乐,为什么呢?"林类说:"死之与生,一往一返。在这儿死去了,怎么知道不在另一个地方重新出生呢?由此,我怎么知道死与生不一样呢?我又怎么知道力求生存而忙忙碌碌不是头脑糊涂呢?同时又怎么知道我现在的死亡不比过去活着更好些呢?"

林类讲的这个问题,其实是个超验的问题。正是因为它超验,所以才为这样一种想象留下了足够的空间。当然,也大可把死亡想象成可怕不堪而嫌恶之,但除了徒增生者的不安和畏烦,又有什么意义呢?因为人根本没有能力完全来掌控生死。我们的身体、生命、性命、子孙都是天地自然运化的产物,能够认识到这一点并坦然地接受,才是识道者最自然的态度。

> 庄子妻死,惠子吊之,庄子则方箕踞鼓盆而歌。惠子曰:"与人居,长子老身,死不哭亦足矣,又鼓盆而歌,不亦甚乎!"庄子曰:"不然。是其始死也,我独何能无概然!察其始而本无生,非徒无生也而本无形,非徒无形也而本无气。杂乎芒芴之间,变而有气,气变而有形,形变而有生,今又变而之死,是相与为春秋冬夏四时行也。人且偃然寝于巨室,而我噭噭然随而哭之,自以为不通乎命,故止也。"(《庄子·至乐》)

庄子的妻子死了,惠子前往吊唁,庄子却敲着盆唱歌,好像一点都不悲伤。惠子说:"你妻子跟你生活了一辈子,生儿育女直至衰老而死,你不伤心哭泣也就罢了,还唱上了,这也太过分了吧!"庄子说:"非也非也。其实她刚死时,我还是很伤心的。可是想想看,世间本来就没有她啊,只是在气的变化中出生而具备形体,有了生命,如今变化又回到死亡,这就跟春夏秋冬四季运行一样。死去的那个人现在又回到了天地之间,而我却在这儿哇哇大哭,自认为这是不能通晓于天命啊!"

当然,对待自己的生死亦是如此。"庄子将死,弟子欲厚葬之。庄子曰:'吾以天地为棺椁,以日月为连璧,星辰为珠玑,万物为赍送。吾葬具岂不备邪？何以加此！'弟子曰：'吾恐乌鸢之食夫子也。'庄子曰：
'在上为乌鸢食，在下为蝼蚁食，夺彼与此，何其偏也。'"（《庄子·列御
寇》）人死之后，其存在遍于天地间，为天地所容，与生之前、生之时其实
本质上并无二致。若能通此三者为一，即已在心灵层面迈入了永恒的大
门。"然则乐岂非至乐耶？故顺天和以自然，以道德为师友，玩阴阳之变
化，得长生之永久，任自然以托身，并天地而不朽者，孰享之哉？"（《答
向子期难养生论》）

　　有道者，即享之。

后　记

大道周行,历万世而不殆。自春秋时期老子创立道家思想,杨子、列子、庄子等又继体承资,阐微探幽,于自然、社会、人生之理无不精研罩思,道家之格局也由此确立。在道家基础上又衍生出道教,以宗教这种形式与社会民俗形成了更多的交集。道家思想一重观察,二重反思。通过观察发现问题,通过反思找到症结所在,再对症下药,提出解决方案。究实来说,古今虽异,但人们在社会人生中面对的基本问题并没有本质的改变,比如人和社会的关系、人和自身的关系等古今都有一贯性,因此道家的人生智慧基本上可以完整地为现代人所承袭,起码可以作为一种参照系时时与自己的实际人生形成对比,由此引发自我的反省——而正如西方哲人苏格拉底所言,没有反省的人生是不值一过的。另外,有学者认为,道家思想的产生是基于对礼乐文明危机反省和超越的产物,并提出了一套整治危机的理论和方案,这对于现代人面对工业文明的危机来说尤具借鉴意义。[1]

概而论之,道家和道教的现代意义和价值主要可以归结为以下四点:

---

[1]　许抗生:《当代新道家》,北京,社会科学文献出版社,2013年,前言。

一、通养生理性之道

生命是人的一切自然和社会行为的根基。在中国历史上,道家和道教在充分认识生命现象,深入理解和把握人的生理、心理,构建养生保健之方法系统等方面皆有深入的探索,为今天的人们提供了诸多可资借鉴的思想内容。比如老子提出"善摄生"之道,强调要"为腹不为目",反对过分追求欲望的满足;杨子、庄子也都有重生、尊生的倾向,庄子养生强调要"形全精复",不仅重视养神的重要性,同时也肯定养形的重要价值。后世道教更是发展了庄子养形的理论,在气功、导引之术和医学等方面都有许多突出的成就,在今天仍存在广泛的应用和影响。

二、明消忧雪燥之法

现代社会,随着生活节奏的加快,人们的社会压力也不断地增加,心理负担加重,烦恼、焦虑等情绪也成为现代人挥之不去的梦魇。现代工业文明创造了丰富的社会财富,但人们却并未能回归到安逸、平和的自然状态来享受这种成果;相反,生存的边界在不断膨胀,人们对物质的要求越来越高,幸福的阈值也不断上升,人们的幸福感却在走低。而对于这种"社会病",道家的思想显然是一剂良药。道家学说直接人心的力量正在于它一上来就把握到了人最本真的价值。老子讲"损",庄子讲"逍(消)",都是在破除人们对一些外在价值的过分牵系;强调自然无为,返朴归真,自适其适,是让人们回归身心的和谐、平衡,找到那种简单原朴的快乐。

三、达圆通应世之理

随着工业文明的推进和交通、通信等技术的发展,现代人的社会交往范围和密度都在不断扩大,老子所憧憬的"民至老死而不相往来"的交往方式显然已不再可能。而随着社会竞争的加剧,人们的社会关系也有紧张化的趋向。然而,尽管社会背景的幕布已然置换,但道家提出的诸多处理人际关系的理论仍然具有一定的现实意义。道家推崇上善若水,为而不争;主张宽容、谦和,与人为善。在道家看来,锋芒太锐很容易受到挫折,自矜自伐也容易为他人所反感。在复杂的社会关系网络中,人应该像一柄"以无刃入有间"的游刃,处处皆有余地而处处逢源。

四、会治国理政之机

在社会治理方面,有两种不同的观念:一是强调自然秩序,认为自然形成的秩序本身体现了自然的规律,同时也具备了自我解决问题的机制;一是强调人为秩序,认为以人的理性为根基的计划性可以具有更高的效率、付出更少的社会成本。比如在经济体制的选择上,强调市场和强调计划其实就是上述两种不同观念的体现。在这个问题上,道家显然属于前者。老子主张"治大国若烹小鲜",认为"天下神器,不可为也。为者败之,执者失之",强调无为而治。庄子也主张"在宥天下",强调的仍然是自然秩序。当然,这两者之间又存在着一个所谓"天人之际"的问题,会存在一定的融通,比如我们现在的"有中国特色的社会主义市场经济"体制其实就可以理解为一种融通的结果。当然,道家的政治思想是非常丰富的,后来和法家、儒家等都有一定程度的融合,许多方面对于现在的政治思想仍有一定的借鉴价值。

王　春

2017年3月3日